Inhalt

	Seite		Seite
Vorwort	2	**Verkäufe ins Ausland**	72
Einleitung	2	• Mit Heitkamp nach Saudi-Arabien	72
Bauartbeschreibung der V 200	6	• V 200 in Italien	72
• Die Entwicklung	6	• V 200 in der Schweiz	73
• Der Fahrzeugteil	8	• V 200¹ in Albanien und Griechenland	75
• Die Maschinenanlage	14	• Schlußbetrachtung	76
• Die Zugheizanlage	14	**Die V 300 der Deutschen Bundesbahn**	77
• Die elektrische Ausrüstung	17	**Abkömmlinge der V 200**	81
• Die Bremseinrichtung	18	• "Warship" und "Western" in Großbritannien	82
• Bauartänderungen	21	• Die M 4000 B'B' für Spanien	85
Die Baureihe V 200¹	22	• Die "Anverwandten" der V 200 bei der Deutschen Reichsbahn	86
Betriebseinsatz der V 200	32	**Technische Daten der DB-Baureihen 220, 221 und 230**	87
• Das Ende der Baureihen 220 und 221 bei der Deutschen Bundesbahn	55	**Literaturverzeichnis**	87
Die V 200 der DB im Ausland	68	**Impressum**	87
• Vorführfahrten in der Türkei und auf dem Balkan	68		
• Zur Aushilfe in Dänemark	70		

Vorwort

Mit der Ablieferung der V 200 001 am 20. Mai 1953 wurde eine neue Epoche in der Struktur der Zugförderung bei der Deutschen Bundesbahn eingeleitet; das Ende der Dampfära begann sich langsam abzuzeichnen.

Für den Einsatz im schweren Streckendienst vor Reisezügen stand mit der V 200 nun ein Triebfahrzeug zur Verfügung, das sowohl im Flach- als auch im Hügelland die in die Jahre gekommenen Dampflokomotiven der Baureihen 01, 03 und 39 endgültig ablösen konnte.

Trotz wesentlich höherer Beschaffungskosten und trotz des damals schon hoch besteuerten Dieselkraftstoffs ließ der Einsatz von Großdiesellokomotiven auf lange Sicht eine deutliche Verbesserung der Wirtschaftlichkeit im Bahnbetrieb erwarten.

Am 21. Mai 1953 unternahm die V 200 001 ihre erste Fahrt von ihrer "Geburtsstätte" in München-Allach nach Ingolstadt und zurück. Sowohl das Lokpersonal als auch anwesende Fachleute zeigten sich von der neuen Maschine sehr beeindruckt.

Die erste öffentliche Präsentation erfolgte im Juni 1953 während der Deutschen Verkehrsausstellung in München, bei der neben der V 200 001 auch die V 200 002 gezeigt wurde, die allerdings zu diesem Zeitpunkt noch keine vollständige Innenausstattung aufwies.

Zwischen Ende Juni und Ende November 1953 fanden verschiedene Vorführ- und Testfahrten im Raum München statt, bei denen sich auch ausländische Interessenten von dieser neuen Generation einer Großdiesellokomotive mit hydraulischer Leistungsübertragung gründlich überzeugen ließen.

Die dabei geknüpften Verbindungen zu Bahnverwaltungen des Auslands führten später zu Bestellungen von Lokomotiven und zu Lizenzbauten auf der Basis der Baureihe V 200.

In dieser zum 40. Geburtstag fertiggestellten Dokumentation sind neben den technischen Beschreibungen aller Spielarten der Baureihe V 200 mit sämtlichen Bauartänderungen viele Angaben zum Betriebseinsatz und alles Wesentliche zum Ausscheiden der Maschinen aus dem Bestand der Deutschen Bundesbahn enthalten.

Eine größere Anzahl von Fahrzeugen fand nach der Ausmusterung bei der DB ein neues Betätigungsfeld im Ausland; auch darüber wird berichtet.

Erwähnt werden auch die Lieferungen und Lizenzfertigungen für England, Spanien und Jugoslawien. In einem weiteren Abschnitt wird außerdem auf die aus der V 200 abgeleitete Bauart ML 2200 und auf die V 300 eingegangen.

HO

Bild 3: Mit der Ablieferung der V 200 001 wurde am 20. Mai 1953 eine neue Epoche in der Struktur der Zugförderung bei der DB eingeleitet. Das Foto zeigt die V 200 001 auf der Deutschen Verkehrsausstellung 1953 in München.
Werkfoto Krauss-Maffei

Einleitung

Trotz der schon frühzeitig erkannten betriebswirtschaftlichen Vorteile hat es verhältnismäßig lange gedauert, bis sich Dieseltriebfahrzeuge größerer Leistung auf der Schiene durchsetzten. Bereits zu Beginn der dreißiger Jahre trat die frühere Deutsche Reichsbahn für ein verstärktes "Dieselprogramm" ein. Neben der Verwendung von Dieselmotoren in Kleinlokomotiven verschiedener Leistungsklassen sollte auch die Entwicklung von Dieseltriebwagen gefördert werden. Mit dem verstärkten Einsatz von Triebwagen und häufigeren Verbindungen versprach man sich mit kleineren Einheiten kürzere Fahrzeiten und damit eine Belebung des Personenverkehrs. Neben den vierachsigen Triebwagen für Haupt- und Nebenbahnen mit Motorleistungen von 210 bis 600 PS waren es vor allem die mehrteiligen Triebzüge mit einer Leistung bis 2 x 600 PS, zugelassen für eine Höchstgeschwindigkeit bis 160 km/h, die besonderes Aufsehen erregten.

Beim Bau von Diesellokomotiven blieben die Aktivitäten jedoch gering. Meist entstanden nur weitere Serien von Kleinloks der Leistungsgruppen I und II. Unter den wenigen größeren Fahrzeugen war die von Krauss-Maffei im Auftrag der Deutschen Reichsbahn-Gesellschaft entwickelte Großdiesellokomotive mit hydrodynamischer Leistungsübertragung ein besonders markantes Exemplar. Diese 1'C 1'-Lokomotive entstand unter Mitwirkung der Firmen MAN, Voith und BBC, sie konnte am 13. Juli 1935 anläßlich der Hundertjahrfeier Deutscher Eisenbahnen in Nürnberg der Öffentlichkeit vorgestellt werden.

Die Lok verfügte über einen von der MAN gelieferten 8-Zylinder-Dieselmotor in Reihenanordnung mit einer Nennleistung von 1400 PS bei 700 1/min. Nach eingehender Erprobung wurde die Maschine im Jahre 1936 als V 16 101 von der Deutschen Reichsbahn übernommen und wenig später in V 140 001 umgezeichnet. Seit 1970 befindet sich die Maschine im Deutschen Museum in München.

Letzter Schritt in der Entwicklung großer Fahrzeuge vor dem Zweiten Weltkrieg war der Bau von zwölf Einheiten, die von 1939 bis 1941 bei Krupp in Essen für den Einsatz in Doppeltraktion zum Transport schwerer Eisenbahngeschütze entstanden. Als Antriebsaggregate dienten 6-Zylinder-Dieselmotoren von MAN mit einer Nennleistung von 940 PS. Zwei dieser Doppellokomotiven fuhren nach Kriegsende als V 188 001 und V 188 002 noch bei der Deutschen Bundesbahn.

Der Zweite Weltkrieg und seine Folgen hatten eine Weiterentwicklung großer Diesellokomotiven vereitelt. Nur langsam begannen die Arbeiten gegen Ende der vierziger Jahre nach Beendigung des Neubauverbots der Alliierten wieder anzulaufen. Mit modernen Dieseltriebfahrzeugen sollte bei der DB eine Änderung in der Struktur der Zugförderung herbeigeführt werden. Neben neuen schnellaufenden Motoren mußten leistungsfähige Elemente zur Kraftübertragung entwickelt werden. Die ersten Fahrzeuge, die unter diesen Gesichtspunkten gebaut und in Dienst gestellt wurden, waren die Dieseltriebzüge VT 08 und VT 12 sowie die mit Drehgestellen ausgeführte Mehrzweck-Diesellokomotive der Baureihe V 80. Für den Antrieb standen neue Dieselmotoren von Daimler-Benz, MAN und Maybach mit Leistungen im Bereich von 800 bis 1200 PS zur Verfügung, die alle als 12-Zylinder-Motoren in V-Anordnung ausgeführt waren.

In Anbetracht der hohen Kraftstoffkosten, die schon zu jener Zeit auch für die Bundesbahn mit mehr als 50% Steuer belastet waren, wurde der Bau schwerer Streckenlokomotiven mit Dieselantrieb zunächst noch zurückgestellt. Im Jahre 1952 wurde das Projekt dann aber doch in Angriff genommen. Inzwischen hatten die ersten neuen Dieselfahrzeuge der großen Leistungsklasse ihre Bewährungsprobe bestanden. Motoren, Getriebe und Gelenkwellen arbeiteten gut und zuverlässig, verschiedene "Kinderkrankheiten" waren rasch behoben. Einige Überwachungsgeräte wurden verbessert und die noch etwas anfälligen Schaltklauen in den nachgeschalteten Getrieben geändert.

Im Jahre 1952 lag die eben noch vertretbare Leistungsgrenze für Großmotoren bei 1100 PS. Eine Streckenlokomotive für den schweren Güter- und Reisezugdienst benötigte eine installierte Leistung von mindestens 2000 PS, mußte also in jedem Fall zweimotorig ausgeführt werden, um die alten Dampflokomotiven ablösen zu können. Große Leistungsreserven waren dabei aber noch nicht vorhanden. Deshalb mußte auch für die Zugheizung ein von der Motorleistung unabhängiges System vorgesehen werden. Nachdem sich der Kardanantrieb zur Drehmoment-Übertragung als geeignet und zuverlässig erwiesen hatte, alle anderen wichtigen Parameter festlagen und auch die erforderlichen Kühlanlagen für die Motoren konzipiert waren, konnte noch im Jahre 1952 der Auftrag zum Bau erster Prototypen der Baureihe V 200 erteilt werden.

Bild 4: V 200 001 im Endanstrich, aber noch ohne vollständige Beschriftung im Mai 1953 im Bahnhof München-Allach.
Werkfoto Krauss-Maffei

Bauartbeschreibung der V 200

Die Entwicklung

Die Vorauslokomotiven V 200 001 bis 005 waren eine Gemeinschaftsentwicklung des Bundesbahn-Zentralamts München und der Lokomotivfabrik Krauss-Maffei AG, München, unter Beteiligung der Lokomotivfabriken Henschel, Jung, Krupp, Maschinenfabrik Esslingen und der Maschinenbau Kiel AG. Außerdem arbeiteten an dem Projekt

Bild 5: Geschweißter Rahmen der Baureihe V 200 von oben mit den Ausschnitten für die Mekydro-Getriebe und die Dieselmotoren.
Werkfoto Krauss-Maffei

Bild 6: V 200-Rahmen von unten.
Werkfoto Krauss-Maffei

Bild 7 (oben rechts): Rahmen in der Fertigung: Gut zu erkennen sind die beiden durchlaufenden Rohre, auf die die Querverbindungen "aufgefädelt" werden. **Werkfoto Krauss-Maffei**

Bild 8 (unten): Drehgestell der Baureihe V 200 (Vorserie) mit dem Lenkergestänge für die Zugkraftübertragung. **Werkfoto Krauss-Maffei**

auch noch die Motorenfirmen Daimler-Benz, MAN und Maybach sowie die Getriebehersteller Maybach und Voith mit.

Die Weiterentwicklung zur Serienreife der V 200 wurde gemeinschaftlich vom Bundesbahn-Zentralamt München und der Lokomotivfabrik Krauss-Maffei AG, München, unter Mitwirkung der Maschinenbau Kiel AG durchgeführt. Bei der Serienausführung ab der Betriebsnummer V 200 006, deren Indienststellung ab 1956 erfolgte, wurden bereits alle Erkenntnisse und Erfahrungen verwertet, die beim Bau und der Erprobung der fünf Vorauslokomotiven gewonnen wurden. Die Lokomotiven der Baureihe V 200 waren für den Einsatz vor Fernschnell-, Schnell- und Eilzügen bestimmt. Darüber hinaus sollten mit diesen Triebfahrzeugen auch Güterzüge auf Hauptbahnen befördert werden; Antrieb und Kraftübertragungselemente mußten deshalb auch für diesen Verwendungsbereich ausgelegt werden.

Festgelegt und auch für die Serie gültig war die Drehgestellausführung mit je zwei angetriebenen Radsätzen, zwei voneinander unabhängigen Maschinenanlagen und zwei Endführerständen. Für den Schnellzugverkehr war eine Höchstgeschwindigkeit von 140 km/h festgesetzt worden. Die kleinste Dauergeschwindigkeit bei voller Motorleistung lag bei 26 km/h. Der kleinste befahrbare Krümmungshalbmesser durfte das Maß von 100 m nicht unterschreiten. Als größte Achslast waren 20 t zugelassen. Unter Berücksichtigung dieser Lastgrenze mußten die Vorratsbehälter für Dieselkraftstoff sowie für Heizöl und Kesselspeisewasser der Zugheizung so dimensioniert werden, daß ein möglichst großer Aktionsradius gewährleistet war.

Geringfügige Änderungen ergaben sich bei der Gesamtlänge der verschiedenen Bauausführungen. So betrug die Länge über Puffer bei den Vorserienloks V 200 001 bis 005 noch 18 530 mm, bei den Serienmaschinen V 200 006 bis 086 verringerte sich dieses Maß auf 18 470 mm. Mit 18 440 mm waren die Fahrzeuge der verstärkten Bauart – Baureihe V 200[1], die ab 1962 zum Einsatz gelangte – noch etwas kürzer.

Der Fahrzeugteil

Der Fahrzeugteil der Diesellokomotiven V 200 setzt sich aus dem Unterrahmen mit dem Kastenaufbau und den beiden zweiachsigen Drehgestellen zusammen. Der Unterrahmen, der die gesamte Maschinen- und Kesselanlage sowie die Vorratsbehälter trägt, wurde in Stahlleichtbauweise hergestellt. Er besteht aus zwei in Längsrichtung zwischen den Puffertragern durchlaufenden Stahlrohren, die mit Längs- und Querblechträgern zu einer brückenartigen Konstruktion von hoher Biege- und Knickfestigkeit zusammengeschweißt wurden. Der Kastenaufbau, auch als Oberrahmen bezeichnet, ist in Spantenbauweise aus Z-Profilen und Blechen als Schweißkonstruktion in mittragender Schalenbauweise gefertigt und mit dem Unterrahmen verschweißt. Diese Ausführung des Lokomotivaufbaus gewährleistet eine besondere Biege- und Drehsteifigkeit der Fahrzeuge mit den beiden kurzen Vorbauten, den sich anschließenden hochgesetzten Führerständen mit dem dazwischenliegenden großen Maschinen- und Heizkesselraum.

Die Drehgestelle sind als Blechträgerkonstruktion ausgeführt und haben die Form eines nach oben und unten offenen Kastens mit vier auskragenden Holmen, an denen die Achsblattfederspannschrauben und die Hängeeisen für die Klotzbremse

Bild 9: V 200-Drehgestell; dahinter Laufwerk und fertige Lokomotiven der Baureihe 65 sowie ein S 3/6-Neubaukessel. **Werkfoto Krauss-Maffei**
Bild 11 (oben rechts): Kastenrohbauten der ersten Bauserie (V 200 006 bis 055) in der Fertigung. **Werkfoto Krauss-Maffei**
Bild 10 (linke Seite unten): V 200-Radsatz mit Achslenkern und Achsgetriebe. **Werkfoto Krauss-Maffei**
Bild 12: Untergestell mit Aufbaugerippe vor der Verblechung. **Werkfoto Krauss-Maffei**

aufgehängt wurden. Die vier Treibradsätze erhielten innenliegende Doppelpendelrollenlager und sind durch je zwei Achslagerlenker und Gummigelenke spielfrei mit dem Drehgestellrahmen verbunden, dessen Holme an ihren Stirnseiten mit je einem Querträger verbunden sind. Die Drehgestelle werden nicht durch Drehzapfen, sondern durch eine besondere Lenkhebelkonstruktion mit Silentblocs, also mit Gummigelenken, um einen idealen Drehpunkt geführt.
Der Unterrahmen der Lokomotive stützt sich über vier an diesem angeschraubte Böcke und Gelenke auf die Bunde der in Längsrichtung der Drehgestelle liegenden Lokomotivrahmenblattfedern ab. Unter Zwischenschalten von Schraubenfedern sind die Rahmenblattfedern über Pendelbolzen beweglich an den balkonartig ausladenden Federtopfgehäusen des Drehgestells aufgehängt. Diese Bauausführung erlaubt eine zwangsfreie Einstellung der Drehgestelle in Gleisbögen und Rampen. Damit ist auch ein Befahren von Ablaufbergen mit einem Mindestradius von 300 m möglich. Die Übertragung der Zug- und Bremskräfte zwischen dem Lokomotivrahmen und den Drehgestellen erfolgt durch besondere und schmierungsfreie Druckstücke aus Manganhartstahl oder aus verschleißfestem Kunststoff.
Im großen Maschinenraum zwischen den Führerständen befinden sich die beiden mächtigen Dieselmotoren mit ihren Kühlergruppen, der Heizkessel mit der Ölfeuerung, den beiden Wasserbehältern und dem Heizschaltschrank, außerdem zwei Bremsluftkompressoren und der Indusi-Umformer. Unter dem Maschinenraum sind am Unterrahmen die Vorratsbehälter für Dieselkraftstoff und Heizöl sowie die beiden Hauptluftbehälter für die Bremse aufgehängt. Am Unterrahmen wurden außerdem noch die Batterie und die Heizwasser-Feuerlöschanlage mit einer Handpumpe und zwei Schlauchtrommeln angeordnet.
Die beiden geräumigen Führerstände verfügen über jeweils ein übersichtliches Führerpult, einen Führer- und Beimannsitz, einen Apparate- und Instrumentenschrank sowie einen Werkzeugschrank. Zur weiteren Ausstattung zählen ein kombiniertes Heiz- und Lüftungsgerät mit Entfrostereinrichtung für die Frontfenster, zwei Druckluftscheibenwischer, zwei Sonnenblenden und vier Feuerlöscher. Im Führerraum 1 wurde ein Kleiderschrank eingebaut, der Führerstand 2 erhielt einen Essenwärmer und beherbergt den Indusi-Schrank.
Unter den beiden Führerräumen befinden sich die Flüssigkeitsstufengetriebe, unter den Vorbauten je eine über Gelenkwellen von einem Nebenabtrieb des Stufengetriebes angetriebene Lichtanlaßmaschine und je eine hydrostatische Doppelpumpe für den Lüfterantrieb sowie eine Dreiton-Makrofonanlage.
Über den Motoren und dem in Fahrzeugmitte angeordneten Heizkessel sowie über den Führerständen sind abnehmbare Dachteile vorhanden, die einen problemlosen Aus- und Einbau der darunterliegenden Aggregate ermöglichen. Sowohl der Maschinen-

Bild 15: Führerpult der ersten Bauserie (V 200 006 bis 055). **Werkfoto Krauss-Maffei**

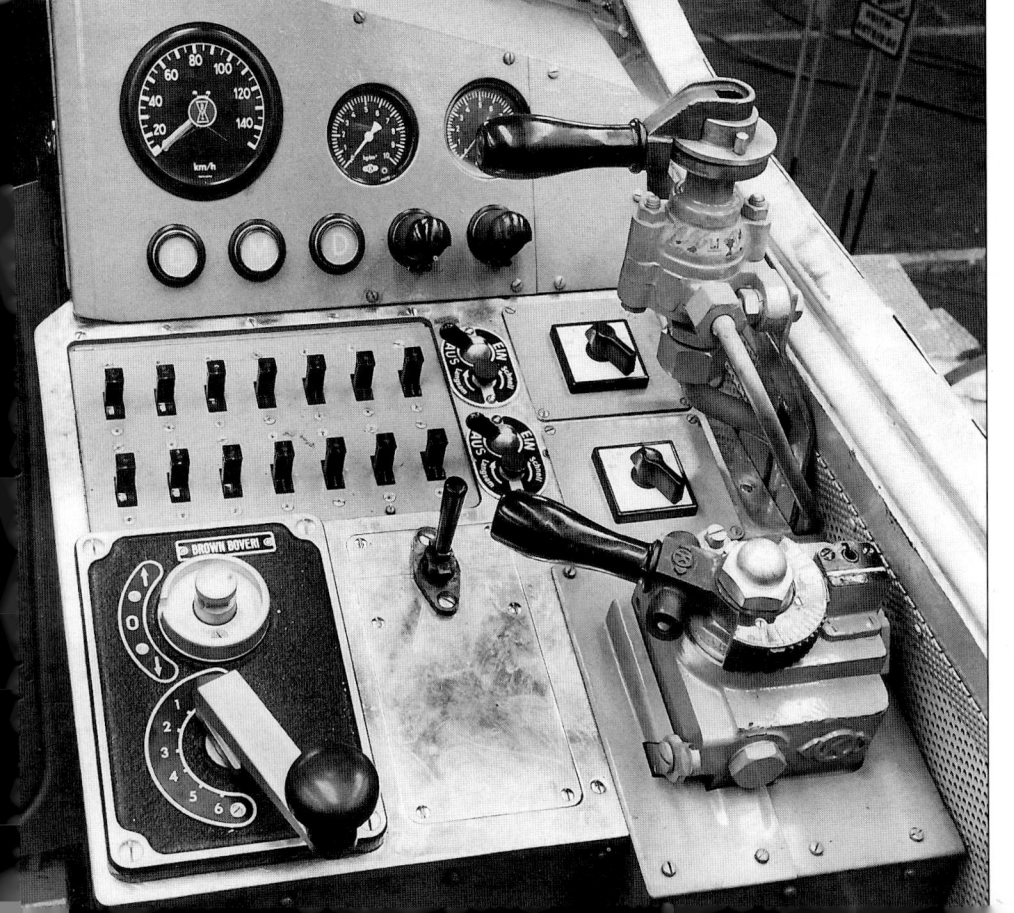

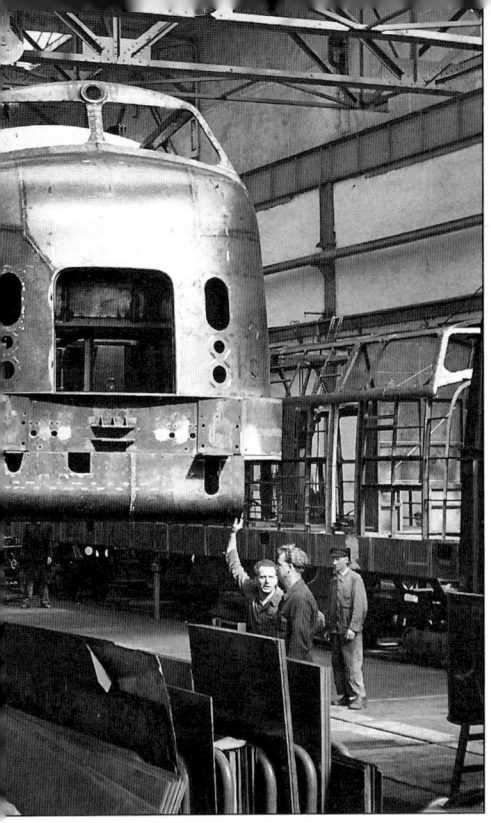
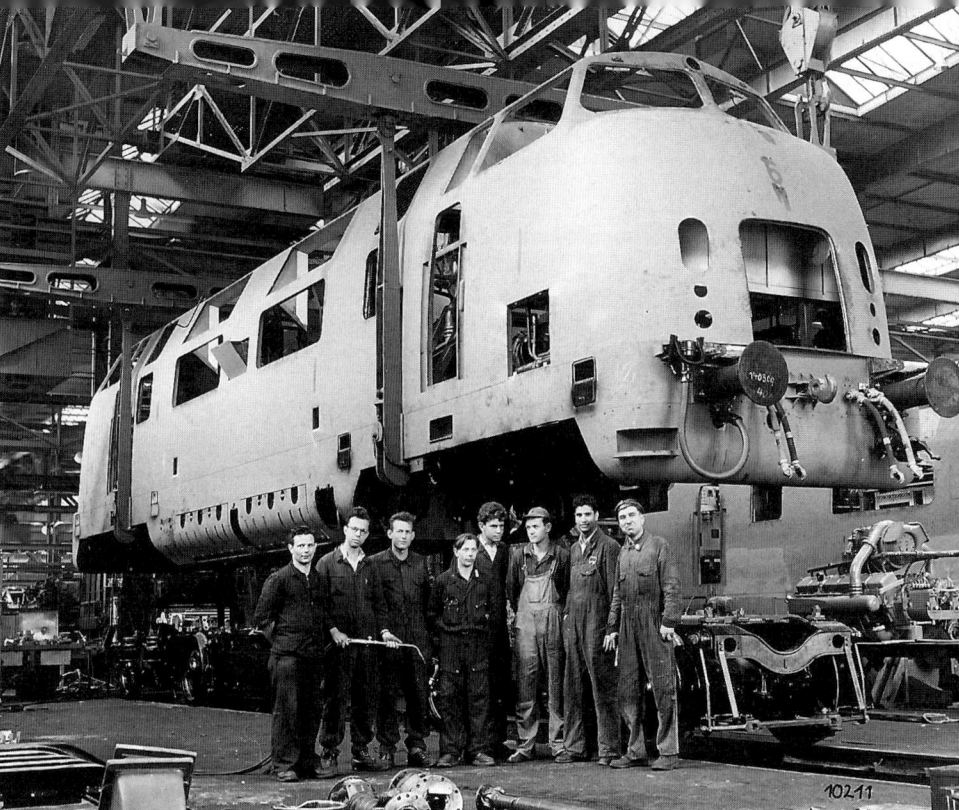

Bild 14: Ein fertig geschweißter Lokkasten wird in die Lackiererei gebracht. **Werkfoto Krauss-Maffei**

Bild 16 (oben rechts): V 200 029 wird auf die Drehgestelle gesetzt. **Werkfoto Krauss-Maffei**

Bild 13 (linke Seite links oben): Aufbringen der Außenbleche. **Werkfoto Krauss-Maffei**

Bild 17: V 200 in der Lokmontage; dahinter Industrielokomotiven vom Typ M 440 C, eine 1'C1'-Schlepptenderlokomotive der Gattung ZB für die Indian Railways und elektrische Tagebaulokomotiven für Rheinbraun. **Werkfoto Krauss-Maffei**

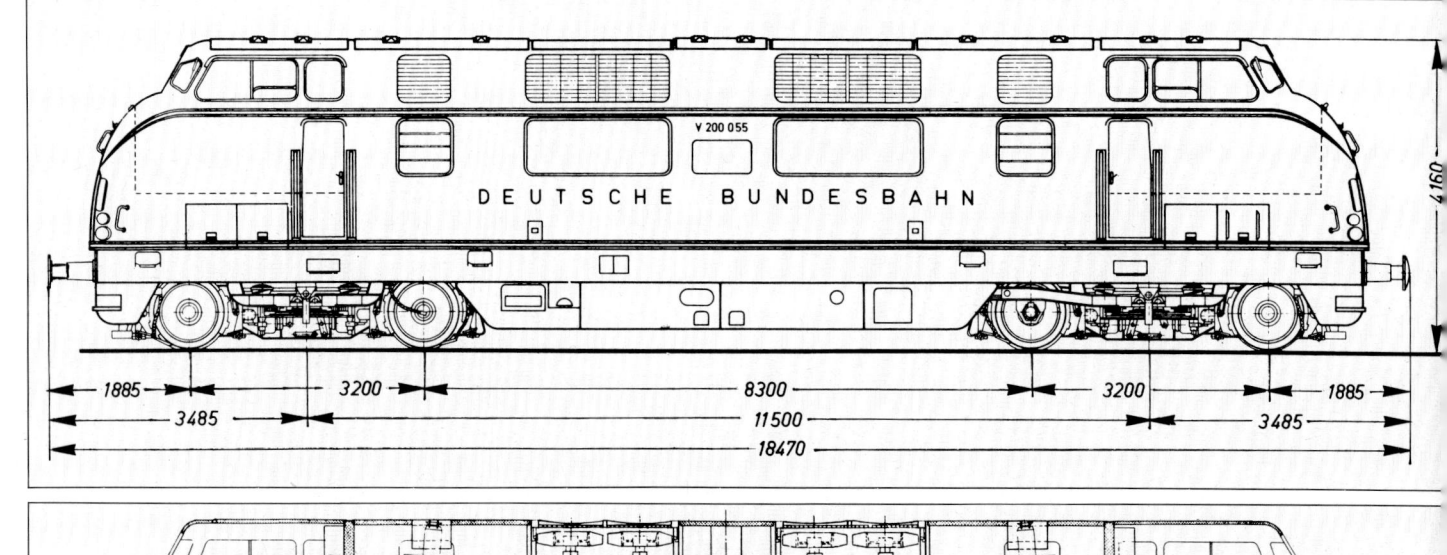

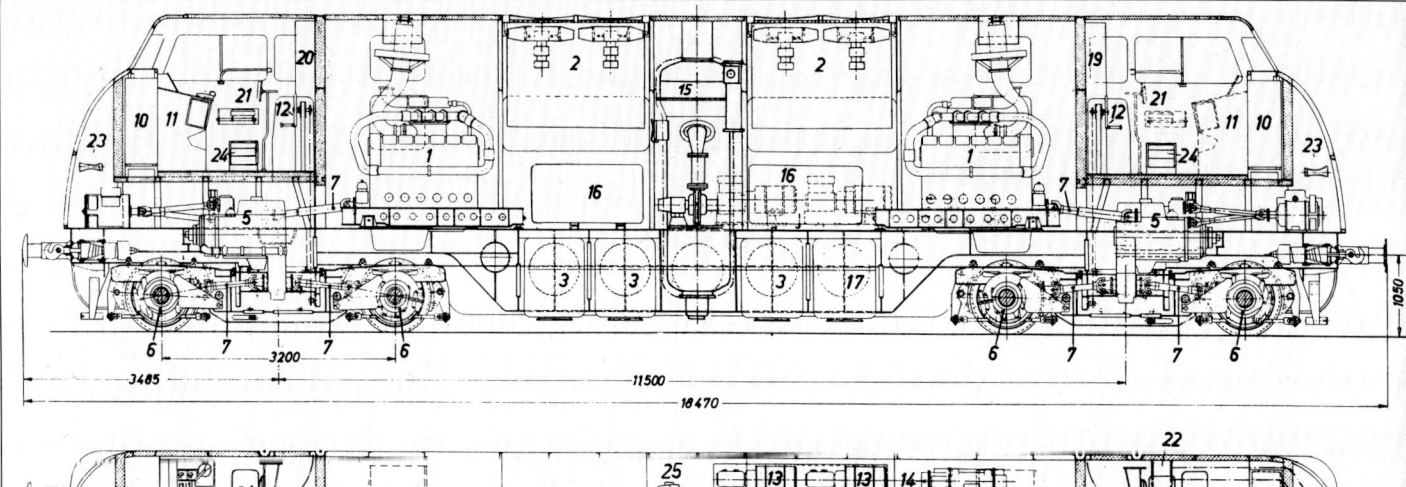

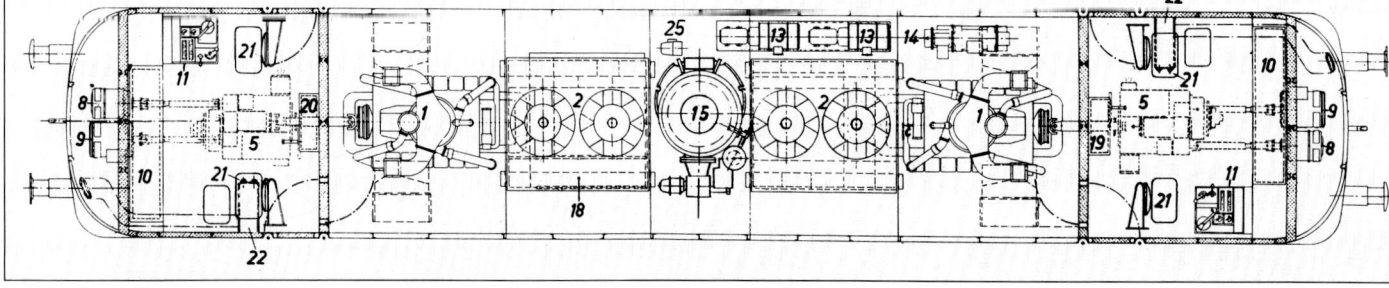

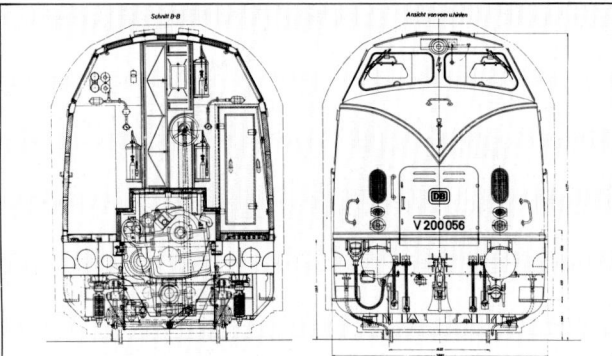

Bild 19: Schnitte durch eine Lok der Baureihe V 200. **Zeichnung:** Slg. Obermayer
Bild 18 (ganz oben): Seitenansicht der V 200 055. **Zeichnung:** Slg. Obermayer

Erläuterungen für Bild 19		
1 Dieselmotor mit Tragrahmen	10 Apparateschränke	19 Indusischrank
2 Kühlergruppe mit je zwei Lüftern	11 Führerstandspulte	20 Kleiderschrank
3 Kraftstoff-Hauptbehälter	12 Handbremsräder	21 Führersitze
4 Kraftstoff-Betriebsbehälter	13 Bremsluftverdichter	22 Führerraumheiz- und Entfrosteranlage für Stirnfenster
5 Flüssigkeitsgetriebe	14 Indusi-Umformer	
6 Radsatzgetriebe	15 Heizkessel mit Ölfeuerung	23 Makrofonanlage
7 Gelenkwelle	16 Kesselspeisewasser-Behälter	24 Werkzeugschrank
8 hydr. Lüfterpumpe	17 Heizöl-Behälter	25 Speisewasserpumpe
9 Lichtanlaßmaschine	18 Heizschaltschrank	

Bild 20: Querschnitt und Stirnansicht der V 200 056. **Zeichnung:** Krauss-Maffei
Bild 21: Dachansicht der V 200 055. **Zeichnung:** Krauss-Maffei

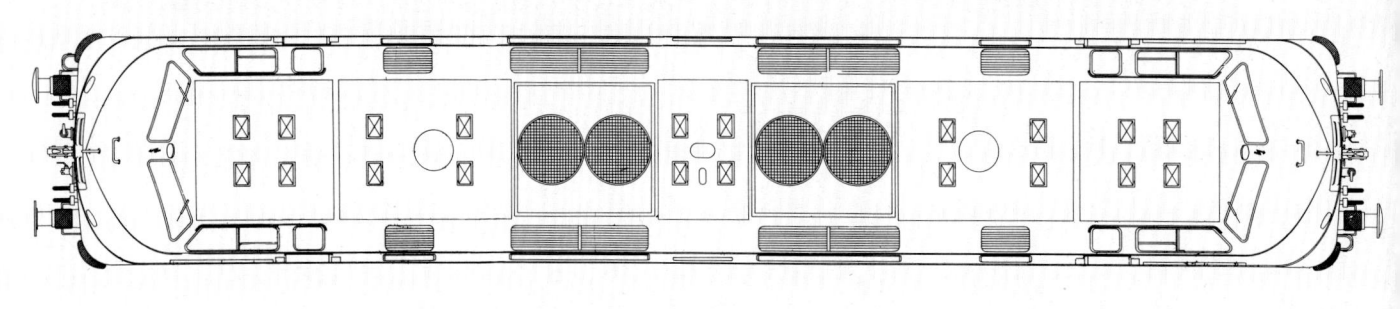

Bild 22: Als zweite von Krauss-Maffei gebaute Serienlokomotive der Baureihe V 200 verläßt die V 200 027 das Herstellerwerk. **Werkfoto Krauss-Maffei**

Bild 23: Die V 200 059 wurde am 3. März 1959 von Krauss-Maffei an die Deutsche Bundesbahn übergeben. Statt des erhabenen seitlichen Schriftzugs "DEUTSCHE BUNDESBAHN" weist sie nur noch ein auflackiertes DB-Emblem auf. Die 1959 gelieferten Lokomotiven hatten außerdem eine etwas höhere Stirntüre erhalten (die untere Kante lag tiefer als die Zierleiste), und die unteren zwei Lüftungsschlitze waren nun oberhalb der Betriebsnummer angeordnet. **Werkfoto Krauss-Maffei**

Bild 24: 220 011 im Bw Stuttgart Hbf, aufgenommen im Jahre 1973. An der rechten Lokseite waren vor den Einstiegen je zwei Klappen für Wartungsarbeiten an den Strömungsgetrieben vorhanden. Foto: H. Obermayer

Bild 25 (rechte Seite oben): Typenaufnahme der linken Lokseite der 220 011. Foto: H. Obermayer

Bild 26 (rechte Seite unten): Dieses Foto gewährt einen Blick auf das Dach der Vorserienlokomotive 220 003. Gegenüber dem Lieferzustand weist sie nun ein drittes Spitzenlichtsignal auf; der erhabene seitliche Schriftzug "DEUTSCHE BUNDESBAHN" ist einem auflackierten DB-Emblem gewichen. Im Gegensatz zu anderen V 200 besaß sie im Jahre 1972 bemerkenswerterweise noch ihre erhabenen Zierleisten. Foto: H. Obermayer

als auch der Heizkesselraum sind begehbar und durch Doppeltüren von den Führerräumen zu erreichen.

Die Maschinenanlagen

Die Maschinenanlagen der Baureihe V 200 wurden als zwei voneinander unabhängige Gruppen ausgeführt, die jeweils auf ein Drehgestell arbeiten. Als Antriebsmaschinen waren schnellaufende 12-Zylinder-Viertakt-Dieselmotoren in V-Anordnung mit Aufladung durch Abgasturbinen vorhanden, die gegeneinander tauschbar waren und eine Nennleistung von 1100 PS hatten. Hierbei handelte es sich um folgende Bauausführungen:

- MD 650 von Maybach, neue Bezeichnung MTU MD 12 V 538 TA, mit 1200 PS; für die Vorserie auf 1000 PS gedrosselt.
- MB 820 Bb von Daimler Benz, neue Bezeichnung MTU MB 12 V 493 Tz, mit 1100 PS; für die Vorserie auf 1000 PS gedrosselt.
- L 12 V 18/21 mA von MAN mit 1100 PS in den Lokomotiven V 200 056, 078, 080, 083 und 085 erprobt und später durch andere Motoren ersetzt.

Die Dieselmotoren wurden auf einem in drei Punkten gelagerten Tragrahmen festgeschraubt. Dadurch konnten alle Verwindungen des Fahrzeugrahmens von den Motorgehäusen ferngehalten werden. Die Antriebsleistung der Motoren wird über je eine Gelenkwelle zu den Flüssigkeitsstufengetrieben übertragen. Zum Einbau gelangten wahlweise das Mekydro-Getriebe K 104 U von Maybach mit einem hydraulischen Drehmomentwandler und vier nachgeschalteten Gängen oder das Getriebe LT 306r/rb von Voith mit drei hydraulischen Drehmomentwandlern.

Die hydraulischen Getriebe sind direkt im Lokomotivrahmen an drei Punkten ohne besonderen Tragrahmen aufgehängt und ragen mit ihren unteren Abtrieben von oben in die kastenförmigen Mittelteile der Drehgestelle hinein. Steuerung und Schaltung der Getriebe sind voll selbsttätig und vollziehen sich in Abhängigkeit von Fahrgeschwindigkeit und Motordrehzahl. Beide Getriebebauarten sind so ausgelegt und ihre zulässige Erwärmung so auf die Leistung der Kühlanlagen abgestimmt, daß die volle Motorleistung schon bei einer Fahrgeschwindigkeit von 26,4 km als niedrigster Dauergeschwindigkeit übertragen werden kann. Von den Getrieben wird die Antriebsleistung über je zwei Gelenkwellen unmittelbar auf die vier Achsantriebe der Treibradsätze übertragen.

Die Verbrennungsluft für die Motoren wird durch seitliche Luftschlitze über Filter und Luftschächte angesaugt. Durch je einen Abzugschacht werden die Abgase von Motoren und Heizkessel über das Maschinenraumdach hochgeführt. Das von den Dieselmotoren und den hydraulischen Getrieben erwärmte Kühlwasser wird in Dachkühlergruppen mit je zwei Lüftern rückgekühlt. Das Kühlwasser der Motoren kann durch Einblasen von Fremddampf oder durch Dampf aus der eigenen Heizkesselanlage vorgewärmt und warmgehalten werden.

Die Zugheizanlage

Für die Heizung von Reisezügen und zum Vorwärmen der Maschinenanlagen wurde in die V 200 eine Dampfkesselanlage eingebaut. Der stehende Zweizugkessel der Firma MAN mit einer Heizfläche von 12 m² und einem Druck von 5 bar hat eine Dampfleistung von 700 kg/h bei 4,5 bar und reicht für die Beheizung von 10 bis 12 Reisezugwagen gerade aus. Bei besonders tiefen Außentemperaturen mußte in lange Züge gelegentlich ein zusätzlicher Heizwagen eingestellt werden. Die Heizkessel erhielten eine vollautomatische Ölfeuerung der Firma Körting.

Der Heizölvorrat von 1000 l reichte für ungefähr 20 Betriebsstunden aus, der Speise-

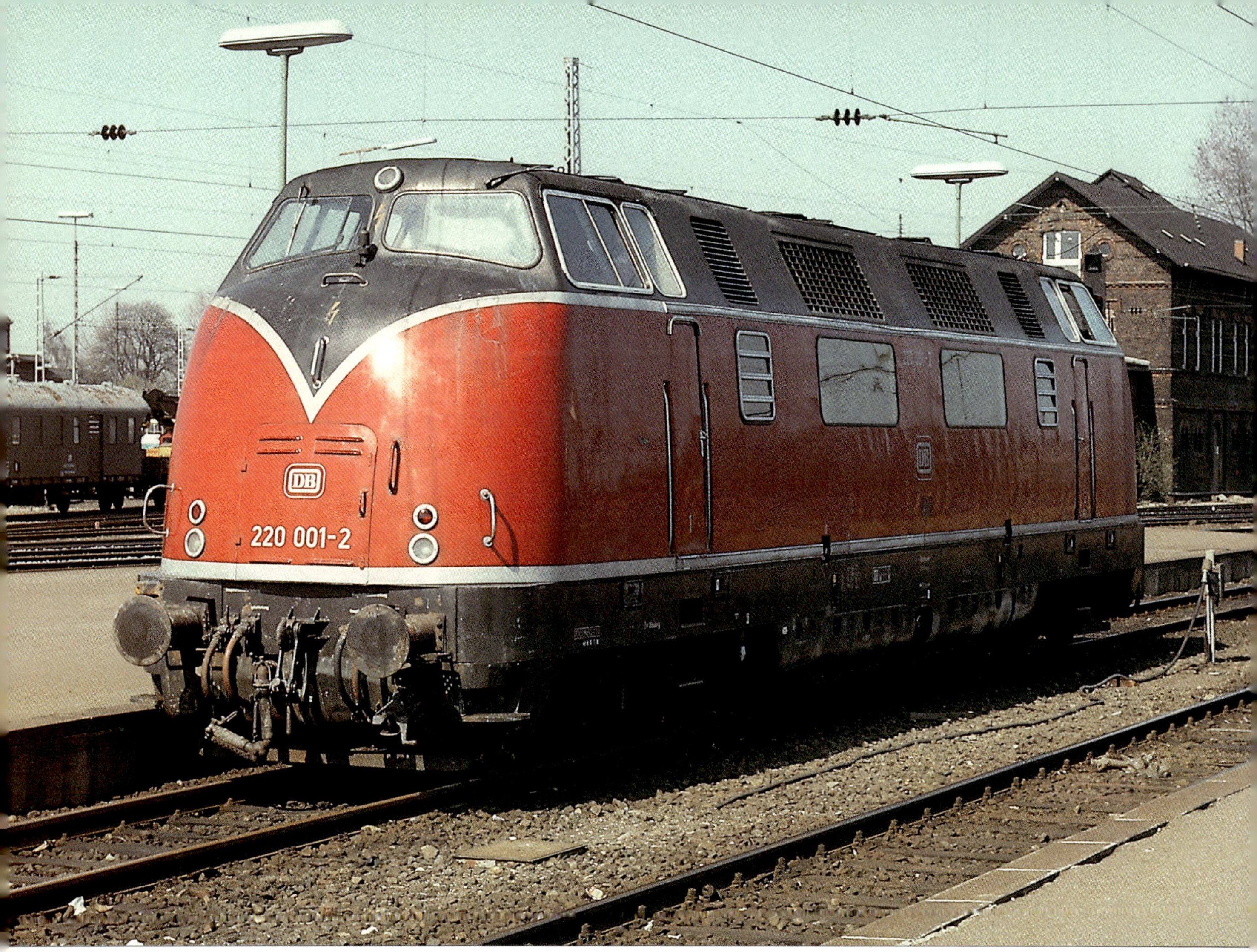
DB
220 001-2

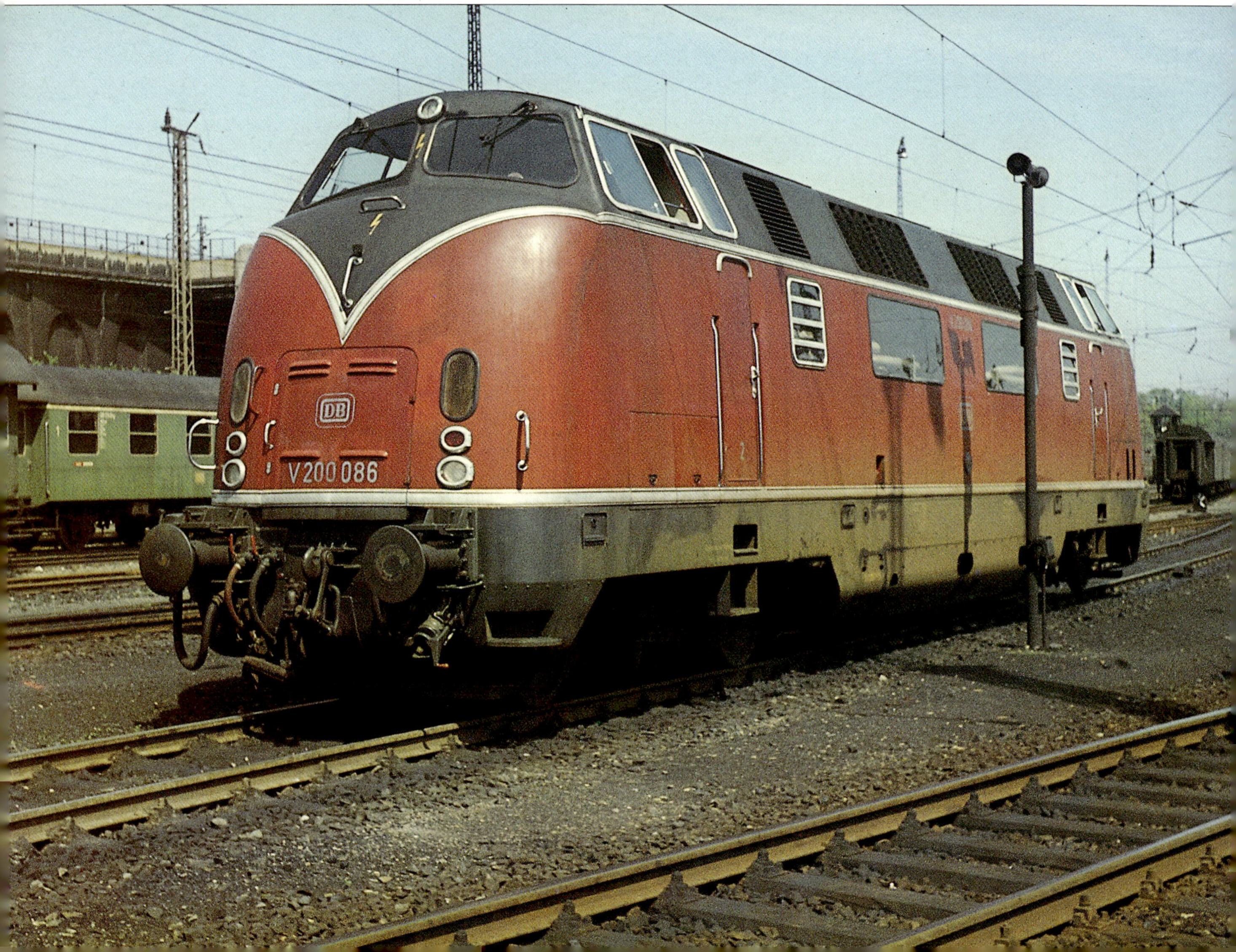
DB
V 200 086

Bild 29: Im Rahmen der Vorarbeiten zur Einführung der automatischen Kupplung wurde die V 200 038 bei Krauss-Maffei mit dem "Unikuppler" ausgerüstet. **Werkfoto Krauss-Maffei**

Bild 27 (linke Seite oben): Vorserienlokomotive 220 001 am 11. April 1978, also fast genau 25 Jahre nach ihrer Ablieferung, in Minden. **Foto: L. Kenning**

Bild 28 (linke Seite unten): Die V 200 086, die letztgebaute V 200, wurde als erste ihrer Baureihe bereits am 12. Oktober 1973 ausgemustert. Das Foto entstand im Jahre 1965 im Bw Stuttgart. **Foto: Sammlung Obermayer**

Bild 30 (unten links): In Ausnahmefällen wurde der Wasservorrat für den Heizkessel der Dampfheizung der V 200 auch schon einmal mit Hilfe eines Wasserkrans ergänzt (aufgenommen in Hannover Hbf). **Foto: Sammlung Asmus**

Bild 31 (unten rechts): Dieses Foto zeigt die 220 038 mit "Unikuppler" Ende der sechziger Jahre vor einem Reisezug in Würzburg Hbf. **Foto: Bildstelle BZA Minden, Sammlung Obermayer**

wasservorrat von 4000 l war bereits nach einer Betriebsdauer von rund 6 Stunden aufgebraucht. Die beiden Wasserbehälter wurden in den Bahnbetriebswerken über Schlauchanschlüsse gefüllt. Bei Bedarf konnte der Wasservorrat auch unterwegs an einem der noch vorhandenen Wasserkräne für die Versorgung von Dampflokomotiven ergänzt werden.

Die elektrische Ausrüstung

Die elektrische Ausrüstung der Voraus- und der Serienlokomotiven der Baureihe V 200 ist eine Gemeinschaftsentwicklung des Bundesbahn-Zentralamts München und des Elektrokonzerns BBC. Bei der Lieferung wurde auch noch die Firma SSW hinzugezogen. Zur Speisung der Beleuchtung, der Batterie mit einer Kapazität von 300 Ah, der Vielfachsteuerung und zum Starten der Dieselmotoren dienen die beiden von den Getrieben über Gelenkwellen angetriebenen Lichtanlaßmaschinen für eine Gleichspannung von 110 V.

Die Ausrüstung der Lokomotiven mit der Vielfachsteuerung 1949 gestattet das Zusammenlaufen der Maschinen mit anderen

Bild 32: Paradeaufstellung der Mitte der fünfziger Jahre modernsten Lokomotiv-Baureihen der Deutschen Bundesbahn für den Schnellzugdienst im Frankfurter Hauptbahnhof (v.l.n.r.): V 200 013, E 10 137 und 01 1087. **Foto: R. Palm**

Bild 33 (rechte Seite oben): Blick auf das Dach der 220 057 (Neuenmarkt-Wirsberg, März 1969). **Foto: L. Rotthowe**

Bild 34 (rechte Seite unten): Noch ein typisches Werbefoto der Deutschen Bundesbahn, entstanden in Frankfurt vermutlich bald nach Indienststellung der am 31. Dezember 1957 gelieferten 10 002 (v.l.n.r.): V 200 025, 10 002 und ein fast fabrikneuer TEE-Dieseltriebzug der Baureihe VT 11⁵. **Foto: R. Palm**

Triebfahrzeugen und Steuerwagen, sofern diese über eine Fernsteuerung gleicher Art verfügen. Die Vielfachsteuerung überwacht die Maschinenanlagen sämtlicher im Zugverband laufender Triebfahrzeuge selbsttätig und setzt sie im Gefahrenfall still. Das Abstellen eines Antriebs wegen einer Störung wird dem Fahrzeugführer, der sich in einem von der gestörten Anlage entfernten Führerstand befinden kann, durch Meldelampen angezeigt. Die Art der Störung wird an der betroffenen Maschinenanlage mit Hilfe von Kennlampen signalisiert.

Alle Lokomotiven der Baureihe V 200 wurden sowohl mit einer Sicherheitsfahrschaltung – Sifa – als auch mit einer Einrichtung zur induktiven Zugbeeinflussung – Indusi – ausgerüstet. Bei den fünf Vorserienmaschinen erfolgte eine entsprechende Nachrüstung. Bei Dienstunfähigkeit des Lokomotivführers leitet die zeit- und wegabhängige Sicherheitsfahrschaltung der Bauart BBC nach einer Wegstrecke von 150 m eine Zwangsbremsung ein und unterbricht die Kraftübertragung. Der Triebfahrzeugführer wird auch durch die induktive Zugbeeinflussung überwacht. Wird die Geschwindigkeit vor einem den Begriff "Halt" zeigenden Signal nicht rechtzeitig ermäßigt oder der Zug zum Halten gebracht, wird ebenfalls eine Zwangsbremsung eingeleitet.

Die Bremseinrichtung

Die Fahrzeuge der Baureihe V 200 verfügen über eine besonders schnell wirkende Bremse mit Einfachsteuerventil, Druckübersetzer und Umstellvorrichtung für den Güter-, Personen- und Schnellzugdienst, außerdem über eine Zusatzbremse. Beide Drehgestelle haben auf jeder Seite je zwei Bremszylinder. Die Bremskräfte werden über das Bremsgestänge auf die Bremsklötze an den Rädern übertragen. Ein geschwindigkeitsabhängiger Bremsdruckregler, der von einem Treibradsatz angetrieben wird, schaltet bei einer Geschwindigkeit von 50 bis 60 km/h von "hoch" auf

Bild 35. Drei Lokomotiven der Baureihe 220 erhielten noch eine Lackierung in Ozeanblau/Beige, darunter die 220 060 (Bw Osnabrück, 25. August 1980). **Foto: R. Köstner**

Bild 37 (rechte Seite): Gegen Ende ihrer Dienstzeit bei der Deutschen Bundesbahn wurden die Lokomotiven der Baureihe 220 meist nur noch notdürftig gepflegt; der Lack wurde stumpf, die auflackierten Zierlinien verblaßten... Die Aufnahme zeigt die 220 041 im Oktober 1983 beim Ergänzen der Wasservorräte in Cuxhaven. **Foto: H. Obermayer**

Bild 36: Nachtaufnahme mit der 220 075 (mit eingeschalteter Maschinenraumbeleuchtung) am 23. Dezember 1981 in Osnabrück Hbf vor dem E 2737. **Foto: R. Köstner**

"nieder" und umgekehrt. Gleitschutzregler verhindern das Blockieren der Räder bei zu hohem Klotzdruck. In jedem Führerraum ist zusätzlich noch eine über ein Handrad zu bedienende Spindelbremse vorhanden, die jeweils auf das darunterliegende Drehgestell wirkt. Zwei durch Elektromotoren angetriebene Luftverdichter der Bauart Knorr VV 100/100 fördern zusammen 96 m³/h gegen einen Hauptbehälterdruck von 10 bar.

Bauartänderungen

Die Vorserienmaschinen V 200 001 bis 005 hatten bei Lieferung noch kein drittes Spitzenlicht, das erst Ende der fünfziger Jahre eingebaut wurde. Auch die Handgriffe über den Rangierertritten und die Signalpfeife auf dem Vorbau kamen erst später hinzu. Die Frontklappen in den Vorbauten waren bei den Prototypen zunächst noch ohne Lüftungsschlitze, und die Vorratsbehälter für das Kesselspeisewasser konnten nur 3000 l aufnehmen. Alle Maschinen mit den Betriebsnummern V 200 001 bis 055 trugen an den Längsseiten in erhabenen Buchstaben den Schriftzug "DEUTSCHE BUNDESBAHN". Bis Mitte der sechziger Jahre entfiel dieser und wurde durch das DB-Emblem ersetzt, das die Maschinen V 200 056 bis 086 bereits ab Werk erhielten. Weggefallen sind später auch die Zierbänder aus polierten Aluminiumprofilen. Die Streifen mit dem charakteristischen "V" an den Frontseiten wurden nur noch mit Farbe aufgetragen.

In den Lokomotiven V 200 054 und 055 wurden Motoren mit einer höheren Nennleistung von 1200 PS erprobt, und die V 200 038 erhielt zu Versuchszwecken eine Automatische Kupplung AK. Ab 1973 erfolgte eine bessere Schallisolierung der Führerstände und der Einbau der Einrichtungen des Zugbahnfunks. Drei Lokomotiven, die V 200 012, 023 und 060, seit 1. Januar 1968 als Reihe 220 bezeichnet, mußten noch eine Umlackierung in Ozeanblau/Beige über sich ergehen lassen.

Die Baureihe V 200[1]

Bild 38: Halbschnitt durch die V 200 101, gezeichnet von Edmund Adam im Jahre 1963. **Graphik:** Archiv Krauss-Maffei

Obwohl sich die Lokomotiven der Baureihe V 200 während der ersten acht Jahre ihres Einsatzes in allen Diensten recht gut bewährt hatten, mußte zu Beginn der sechziger Jahre eine stärkere Variante dieser Bauart beschafft werden. Erhöhtes Verkehrsaufkommen sowie längere und schwerere Züge im Reise- und Güterzugdienst überforderten die bislang verfügbaren Maschinen. Da keine Leistungsreserven vorhanden waren, kam es immer wieder zu unliebsamen Verspätungen und gelegentlich auch zu Ausfällen der Lokomotiven.

Bereits im Jahre 1960 hatte Krauss-Maffei den Auftrag zur Entwicklung und zum Bau der leistungsstärkeren V 200[1] erhalten. Alle Erkenntnisse aus dem Betriebseinsatz der Voraus- und Serienlokomotiven wurden bei der Konzeption der neuen Fahrzeuge berücksichtigt.

Als Antriebsmaschinen kamen nun MTU MB 12 V 652 TA, ein 12-Zylinder-Viertakt-Dieselmotor in V-Anordnung mit einer Nennleistung von 1350 PS, zum Einbau. Diese Maschinen waren aus einem seit 1959 zur Verfügung stehenden 16-Zylinder-Motor abgeleitet worden. Das Mehrgewicht der stärkeren Maschinenanlagen konnte durch den Einbau eines leichteren Heizkessels und durch die Verwendung leichterer Baustoffe für die Vorratsbehälter nahezu ausgeglichen werden.

Neben einer etwas kürzeren Gesamtlänge ergaben sich auch noch einige andere kleinere Bauartänderungen bei der Ausführung der Drehgestelle und bei der Gestaltung der Stirnpartien. Der Maschinenraum wurde in zwei Motorkammern mit dazwischenliegendem Heizraum unterteilt, in dem auch die beiden Kühlergruppen ihren Platz fanden. Die beiden Seitengänge waren nun von beiden Führerständen durchgehend begehbar. Besondere Aufmerksamkeit schenkte man einer wirksamen Schallisolierug durch Entdröhnungsmaterial und Mineralfaserstoffe.

Eine wesentliche Verbesserung erfuhr die Bremsanlage. Die beiden elektrisch angetriebenen Druckluferzeuger hatten nun ein Fördervolumen von 1600 l/min gegen einen Hauptbehälterdruck von 10 bar. Auch das Lüfter- und Kühlsystem sowie die Sicherheitseinrichtungen konnten verbessert werden. Bei den Lokomotiven V 200 101 bis 120 wurde das Kühlsystem in der bisher üblichen offenen Bauweise ausgeführt; die Fahrzeuge V 200 121 bis 150 haben dagegen einen geschlossenen Kühlwasserkreislauf mit Überdruck- und Schnüffelventil erhalten.

Bild 39 (linke Seite unten links): Kraftstoffbehälter für die Baureihe V 200¹; dahinter V 200 119 in der Montagehalle. **Werkfoto Krauss-Maffei**
Bild 40 (linke Seite unten rechts): Maschinenraum einer Lokomotive der Baureihe V 200¹ in der Schweißerei. **Werkfoto Krauss-Maffei**
Bild 41: V 200¹-Drehgestell; dahinter einbaufertige Führerpulte. **Werkfoto Krauss-Maffei**

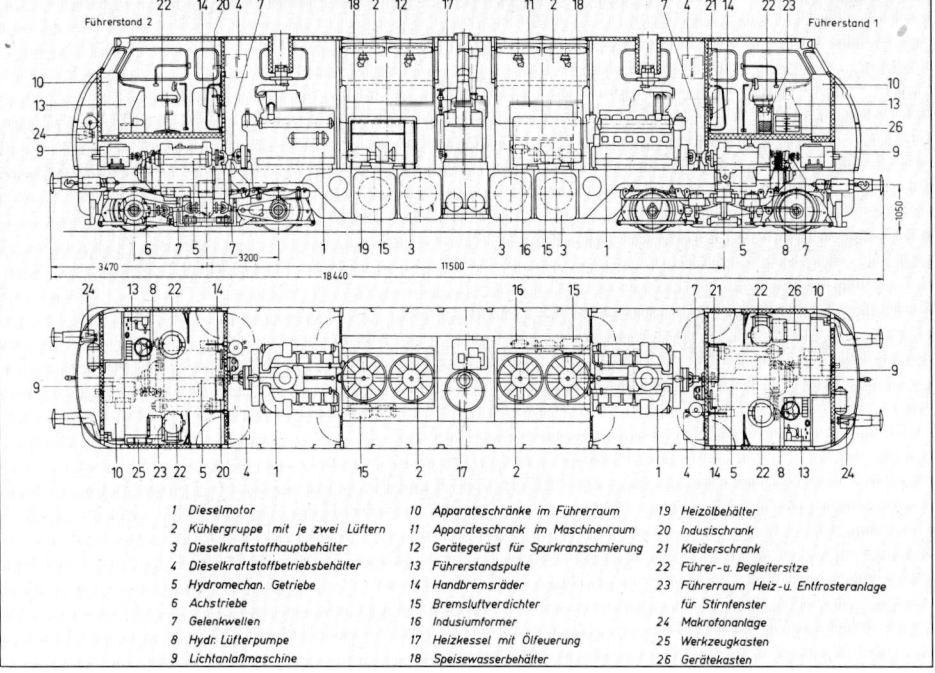

1 Dieselmotor	10 Apparateschränke im Führerraum	19 Heizölbehälter
2 Kühlergruppe mit je zwei Lüftern	11 Apparateschrank im Maschinenraum	20 Indusischrank
3 Dieselkraftstoffhauptbehälter	12 Gerätegerüst für Spurkranzschmierung	21 Kleiderschrank
4 Dieselkraftstoffbetriebsbehälter	13 Führerstandspulte	22 Führer- u. Begleitersitze
5 Hydromechan. Getriebe	14 Handbremsräder	23 Führerraum Heiz- u. Entfrosteranlage für Stirnfenster
6 Achstriebe	15 Bremsluftverdichter	24 Makrofonanlage
7 Gelenkwellen	16 Indusiumformer	25 Werkzeugkasten
8 Hydr. Lüfterpumpe	17 Heizkessel mit Ölfeuerung	26 Gerätekasten
9 Lichtanlaßmaschine	18 Speisewasserbehälter	

Bild 44 (links): Schnitte durch eine Lokomotive der Baureihe V 200[1].
Zeichnung: Sammlung Obermayer

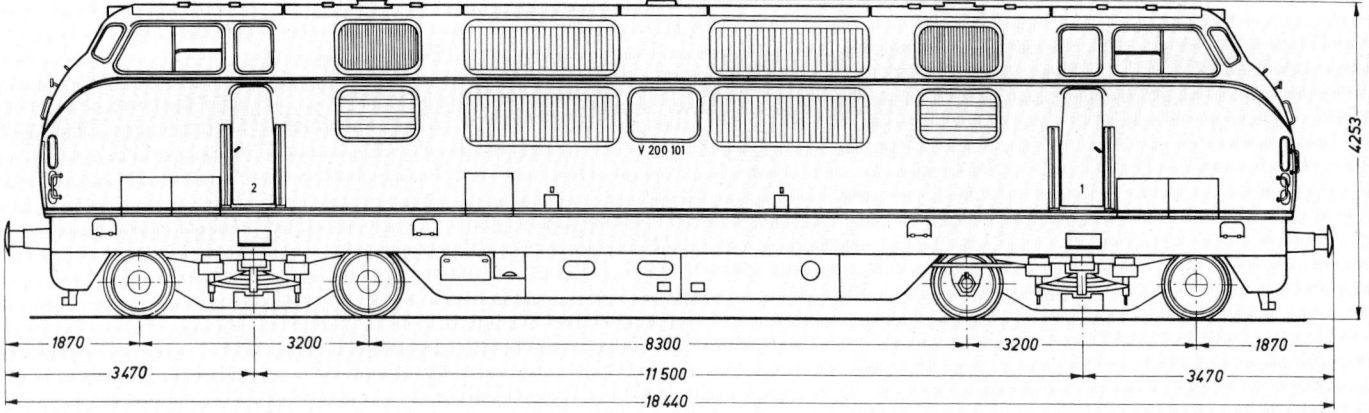

Bild 43: Deutlich sind am fertiggeschweißten Rohbau die unzähligen Wärmepunkte zum Ausrichten der Außenbeblechung zu erkennen.
Fotos 42 und 43: Werkfotos Krauss-Maffei

Bild 42 (linke Seite links oben): Das Maybach-Mekydro-Getriebe mit Wärmetauscher ist unter dem Führerraum-Fußboden eingebaut.

Bild 45 (linke Seite unten): Seitenansicht der V 200 101.
Zeichnung: Sammlung Obermayer

Bild 46: Beimannseite im Führerraum der V 200 105.
Werkfoto Krauss-Maffei

Bild 47 (rechts außen): Lokführerseite im Führerraum der V 200 105.
Werkfoto Krauss-Maffei

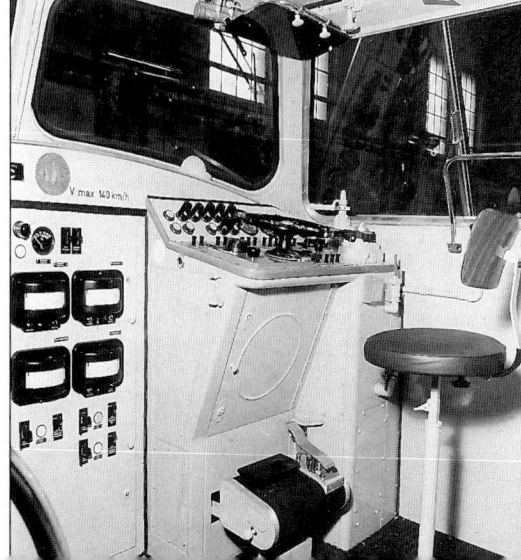

Bild 49: Typenaufnahme der fabrikneuen V 200 107 vom Januar 1963. **Werkfoto Krauss-Maffei, Sammlung Asmus**

Bild 48 (linke Seite): Dachansicht der V 200 140 mit den verschiedenen Klappen und Öffnungen; in der Lokmitte der "Kamin" für den Heizkessel.

Bild 50 (unten): Eine weitere Typenaufnahme der V 200 107, entstanden anläßlich einer Probefahrt im Bahnhof Reichertshausen/Ilm an der Strecke München – Ingolstadt. Dieser Bahnhof war wegen seiner ausgezeichneten Gastwirtschaft im Ort damals bevorzugtes Ziel von Probefahrten.
Fotos 48 und 50: Werkfotos Krauss-Maffei

Alle Maschinen wurden mit einer elektronischen Sicherheitsfahrschaltung – wegabhängig mit Zeitüberwachung – sowie mit induktiver Zugbeeinflussung ausgerüstet. Die Lokomotiven V 200 101 bis 120 erhielten eine Schleuderschutzeinrichtung mit optischer und akustischer Anzeige, die V 200 121 bis 150 eine Schleuder- und Überdrehzahlschutzeinrichtung mit einer Anzeige und Einwirkung auf die Motorleistungsregelung.

Die Zugkräfte werden von zwei in die Drehgestellmitte eintauchenden Drehtürmen aufgenommen. Dies sind zwei breite, geschweißte Stahlblechträger, die die beiden Längsrohre umschließen und ebenso in das Untergestell eingeschweißt sind wie die Spanten. Auf ihnen ist das hydromechanische Getriebe gelagert, das mit seinen Antriebsflanschen unten herausragt. Es liegt vorne elastisch auf zwei Silentblocs und hinten auf zwei Schwingmetallschienen. Das frühere Prinzip der starren Dreipunktlagerung wurde also verlassen. An den Türmen werden ferner die Drehgestelle mit ihren Querkräften über Hebel geführt. Die Drehgestelle hängen, wenn sie beim Anheben oder Eingleisen nicht gelöst werden, mittels Ketten am Untergestell.

Der Drehgestellrahmen mußte an manchen Stellen geändert werden. Mit Rücksicht auf die größere Beanspruchung wurde er an einigen Stellen, z.B. an den Gurt- und Deckblechen, verstärkt. Als Baustoff für den Rahmen diente Stahl MSt 52-3 mit höherer Festigkeit und Streckgrenze. Das Rahmengewicht konnte gegenüber der V 200^0 um rund 286 kg gesenkt werden. Die Achswelle wurde zugunsten größerer Durchmesser für die Innenringe der Achsrollenlager von 180 mm auf 200 mm geändert und druckölgeschmierte Lager eingebaut. In Anbetracht des geplanten Einsatzes der V 200^1 auf kurvenreichen Strecken erhielten die Lokomotiven eine Spurkranzschmierung.

Wie bereits erwähnt, mußte das Mehrgewicht der Antriebsaggregate durch Einsparungen an anderer Stelle ausgeglichen werden. Die bis dahin verwendete Heizkesselanlage schied allein schon angesichts dieser Sachlage aus. Inzwischen stand jedoch eine neuer Wasserrohrkessel passender Leistung zur Verfügung, der wesentlich leichter und in der V 160 schon erprobt

Bild 51: Die 221 140 in ozeanblau/beiger Lackierung am 17. Mai 1977 im Bw Emden. **Foto: D. Kempf**

Bild 52: Konstruktions- und Werkstattpersonal von Krauss-Maffei hat sich vor der V 200 134 gruppiert, der 100. von Krauss-Maffei gebauten Diesellokomotive V 200. **Werkfoto Krauss-Maffei**

Bild 53 (rechte Seite rechts oben): 221 116 am 7. März 1987 im AW Nürnberg. **Foto: P. Große**

Bild 54 (rechte Seite): Die 221 140 (Bw Kempten) wurde Anfang der siebziger Jahre bei Krauss-Maffei mit einem Anbauschneepflug ausgerüstet. Wegen der tiefgezogenen Frontschürze ist die Bauhöhe des Schneepflugs bei der Baureihe 221 im Vergleich zu anderen Diesellokbaureihen der DB relativ gering ausgefallen. **Werkfoto Krauss-Maffei**

worden war. Hierbei handelte es sich um den Wasserrohrkessel der Bauart Vapor Heating, Lizenzbau Hagenuk, Typ OK 4616. Neben einem geringeren Preis, einer höheren Heizleistung und einer größeren Zuverlässigkeit hatte die neue Kesselbauart den Vorteil, rund 1625 kg leichter zu sein.

Bild 55: Eine weitere Aufnahme aus dem AW Nürnberg mit der 221 116 (7. März 1907). Foto: P. Große

Bild 56: Motortausch bei der 221 114 mit Hilfe eines Bockkrans im Bw Gelsenkirchen-Bismarck am 27. August 1980. Foto: R. Köstner

Bild 57: Typenaufnahme der 221 125 aus der zweiten Bauserie, fotografiert am 1. Oktober 1983 in Oberhausen West. **Foto: W. Spielkamp, Archiv Ritz**

Bild 58: Die 221 108 mußte wegen eines defekten Kraftstoffbehälters am 02.10.1987 auf die Hebebühne des Bw Gelsenkirchen-Bismarck. **Foto: Th. Feldmann**

Betriebseinsatz der V 200

Die erste betriebsfähige Lok der Baureihe V 200, die V 200 001, wies bei der Eröffnung der Deutschen Verkehrsausstellung in München am 20. Juni 1953 bereits eine Laufleistung von mehr als 4000 km auf. Vorausgegangen waren verschiedene Meß- und Probefahrten im Münchner Raum. In der V 200 002, die auf dem Stand der Deutschen Bundespost gezeigt wurde, fehlten noch die Maschinenanlagen, für Vorführungen mußte deshalb immer wieder die V 200 001 von der Ausstellung abgezogen werden. Die Post hatte Interesse an leistungsfähigen Diesellokomotiven bekundet, um damit Nachtpostzüge zu befördern. Aus diesem Grund war der Bau von drei der fünf Prototypen durch Kredite der Post ermöglicht worden.

Während der ganzen Ausstellungszeit bis zum 11. Oktober 1952 fanden zahlreiche weitere Fahrten mit verschiedenen Interessenten aus dem Ausland statt, die sich auch nach der Fertigstellung der letzten Vorserienmaschine noch fortsetzten. Die endgültige Übergabe der Lokomotiven an den Betrieb erfolgte im Bw Frankfurt/M-Griesheim erst im Laufe des Jahres 1954.

V 200 001 am 16.07.1954
002 am 04.03.1954
003 am 12.03.1954
004 am 24.03.1954
005 am 24.02.1954

Zwei Lokomotiven fuhren danach in einem besonderen Dienstplan vor Schnell- und Eilzügen, die anderen drei Maschinen vor Personen- und Güterzügen. Hierbei kamen die Fahrzeuge bis nach Bebra, Heidelberg, Köln, Nürnberg und Würzburg und erreichten dabei tägliche Laufleistungen bis zu 900 km. Trotz einiger Änderungsarbeiten kamen die Maschinen auf einen Jahresdurchschnitt von 15 000 km je Monat und Lokomotive.

Im zweiten Betriebsjahr konnten die Laufleistungen noch wesentlich gesteigert und die Planeinsätze erweitert werden. Nun fuhren die Prototypen in den Umläufen Fernschnellzüge, zu denen der GAMBRINUS und der ITALIEN-SKANDINAVIEN-EXPRESS zählten. Die fünf Maschinen kamen im Jahre 1955 auf fast 1 Million Kilometer, obwohl die V 200 003 am 12. Juni 1955 nach einem Brand im Maschinenraum für mehrere Monate ausfiel.

Im Laufe der Jahre 1956 und 1957 erfolgte die Ablieferung aller 50 Serienlokomotiven, von denen die V 200 006 bis 025 von der Maschinenbau Kiel (MaK) und die 026 bis 055 von Krauss-Maffei (KM) in München geliefert wurden. Die Lieferung der V 200 von MaK hatte sich wegen des großen Metallarbeiterstreiks in Schleswig-Holstein um Monate verzögert, so daß der geplante Einsatz der V 200 zum Sommerfahrplan 1957 nicht in vollem Umfang aufgenommen werden konnte. Am Jahresende 1957 waren die Maschinen der Baureihe V 200 in vier Bahnbetriebswerken beheimatet:

Bw Frankfurt/M-Griesheim	**18 Stück**
V 200 001, 002, 003, 004, 005, 010, 011, 013, 014, 015, 016, 026, 027, 028, 037, 038, 039, 052	
Bw Hamburg-Altona	**18 Stück**
V 200 006, 007, 012, 017, 018, 019, 020, 024, 025, 043, 044, 045, 046, 047, 048, 049, 050, 051	
Bw Hamm P	**12 Stück**
V 200 008, 009, 021, 022, 023, 029, 034, 035, 036, 040, 041, 042	
Bw Villingen	**7 Stück**
V 200 030, 031, 032, 033, 053, 054, 055	

Anmerkung: Die Lokomotive V 200 009 war für kurze Zeit zur Personalschulung im Bw Würzburg. Als letzte der ersten Bauserie wurde die V 200 025 erst am 4. Januar 1958 offiziell dem Betrieb übergeben.

Die höchsten Laufleistungen erzielten die vom Bw Hamm P eingesetzten Fahrzeuge, die auf Tagesleistungen von 1200 km kamen. Nur rund 750 km erreichten die Maschinen aus Villingen, die vor Güterzügen auf der Schwarzwaldbahn aber besonders beansprucht waren. Zu den von der V 200 beförderten Fernschnellzügen zählten: HANSEAT, MERKUR, GAMBRINUS, SENATOR, DOMSPATZ, BLAUER ENZIAN, RHEINGOLD.

Ohne Lokomotivwechsel wurden Entfernungen bis zu 700 km bewältigt. Hierbei erwies sich, daß die V 200 problemlos die Dienstpläne der Dampflokomotiven der Baureihe 01 einhalten konnte. Auch im Güterzugdienst erfüllte die V 200 alle Erwartungen. In einem fünfmonatigen Vergleich zeigte sich, daß die Diesellokomotiven den Dampflokomotiven der Baureihe 50 deutlich überlegen waren. Mit höheren Lasten war die V 200 immer noch in der Lage, die vorgegebenen Fahrzeiten einzuhalten.

Bild 60: Dieses Krauss-Maffei-Werbefoto zeigt die V 200 001 mit vier der damals hochmodernen Leichtschnellzugwagen. Es soll sich um den D 573 Frankfurt – Kassel handeln.
Werkfoto Krauss-Maffei

Bild 59 (oben links): Ende Mai 1953 war die V 200 001 noch nicht endgültig lackiert und beschriftet. Die Aufnahme entstand nach der Rückkehr von einer Probefahrt nach Regensburg im Hauptbahnhof München.
Werkfoto Krauss-Maffei

Bild 61 (rechte Seite): "Wettrennen" im Jahre 1954 bei der Ausfahrt aus Wuppertal-Unterbarmen: links die 38 2990 mit dem N 29 und rechts die V 200 002 mit dem E 711.
Foto: C. Bellingrodt, Sammlung Pillmann

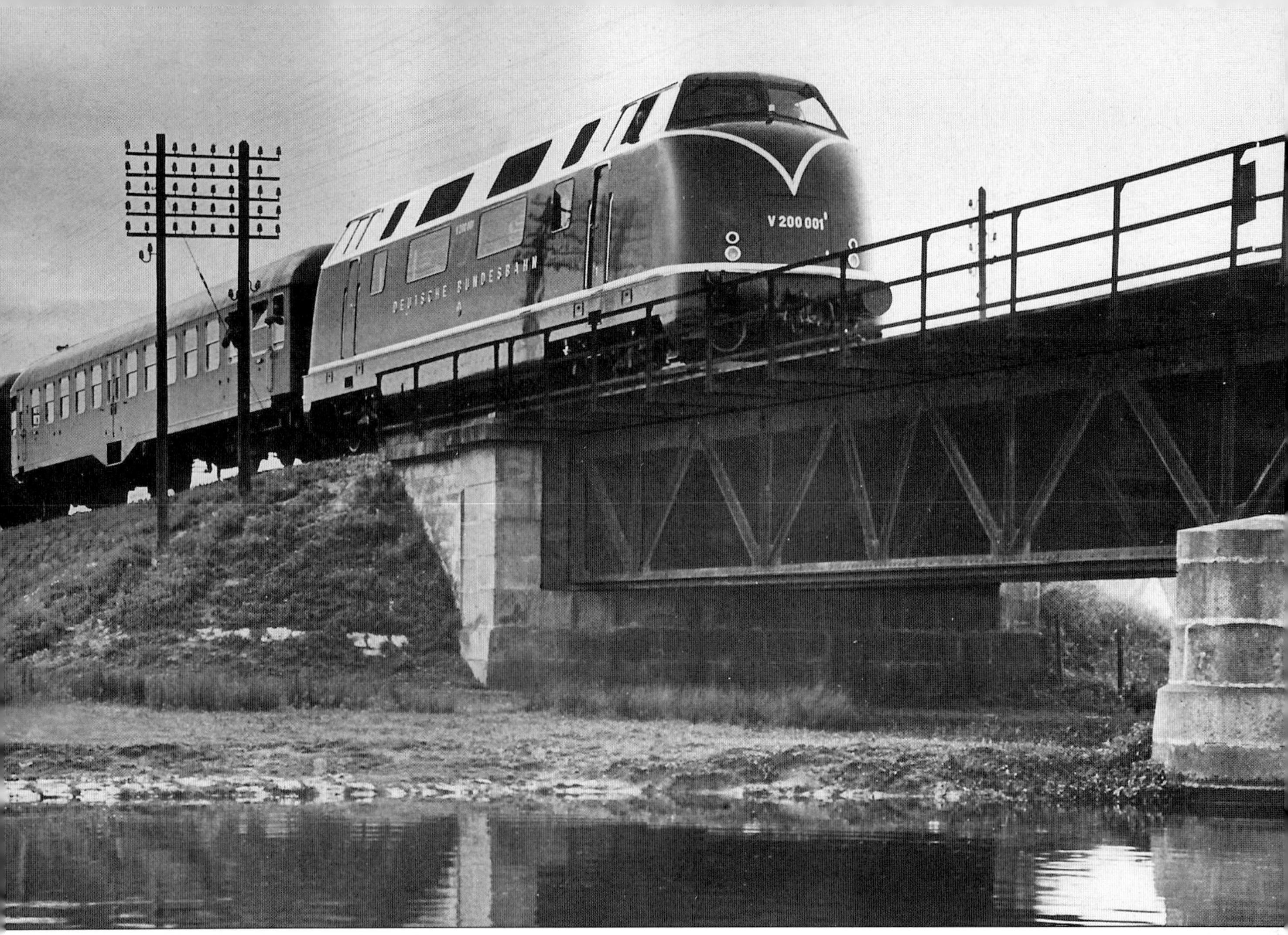
V 200 001
DEUTSCHE BUNDESBAHN

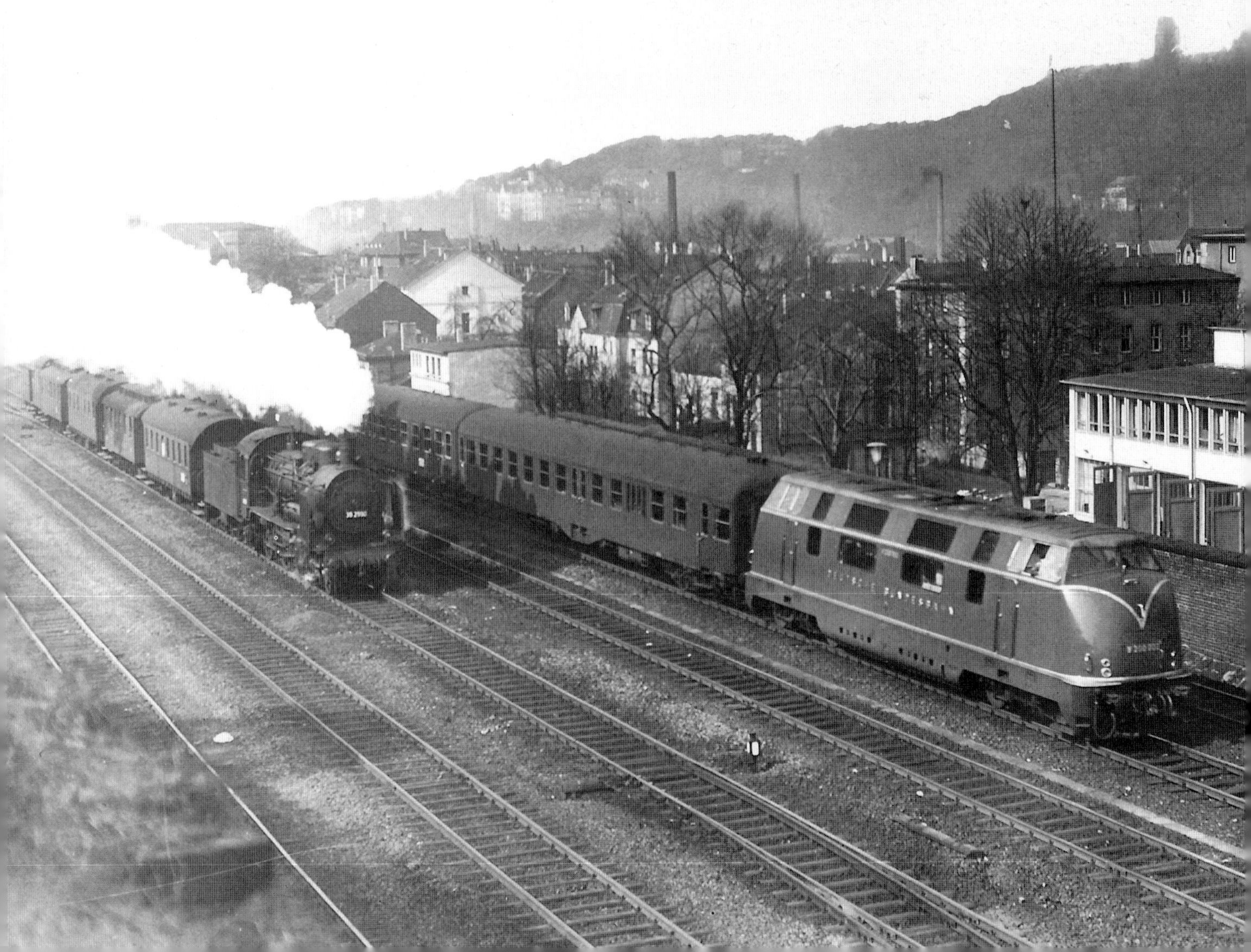

Bild 62: V 200 009 mit 2000-t-Erzzug bei Bielefeld (1959). **Foto: C. Bellingrodt, Sammlung Pillmann**

Bild 63 (rechts): Die V 200 001 verläßt im Jahre 1955 mit dem F 34 "GAMBRINUS" den Hauptbahnhof Bremen. **Foto: C. Bellingrodt, Sammlung Dr. Scheingraber**

Bild 65 (rechte Seite Mitte): Die V 200 036 passiert mit dem F 4 "MERKUR" im Jahre 1957 den Schrankenposten am Wegübergang Kripp bei Rhens (linke Rheinstrecke). **Foto: C. Bellingrodt, Sammlung Dr. Scheingraber**

Bild 66 (rechte Seite unten): Die V 200 007 spiegelt sich mit dem aus der Wagengarnitur des ehemaligen Henschel-Wegmann-Zugs gebildeten F 56 "BLAUER ENZIAN" bei Retzbach-Zellingen im Main (1958). **Foto: C. Bellingrodt, Sammlung Pillmann**

Bild 64: Begegnung zwischen einer ölgefeuerten 01^{10} und der V 200 074 mit einem Fernschnellzug im Gleisvorfeld des Hauptbahnhofs Hamburg (1959). **Foto: DB, Sammlung Neumann**

Bild 67: V 200 005 mit einem Schnellzug im Jahre 1957 beim Zwischenhalt in Hamburg-Dammtor. Ein Mercedes 170 S und mindestens zwei "Brezel-Käfer" bereichern die Szene. **Foto: DB, Sammlung Neumann**

Bild 69 (rechte Seite): Mit einem aus neun Vierachsern bestehenden Schnellzug durcheilt die V 200 021 um 1960 den Bahnhof Kaub an der rechten Rheinstrecke. **Foto: R. Palm**

Bild 68: V 200 046 im Jahre 1957 auf der Drehscheibe ihres Heimat-Bahnbetriebswerks Hamburg-Altona.
Foto: DB, Sammlung Neumann

Bild 71: 220 039 mit dem E 1547 (Wiesbaden – Konstanz) am Eisenbergtunnel bei Niederwasser (6. April 1974). **Foto: M. Ruf**

Bild 70 (linke Seite): Mit der Ankunft der ersten V 200 beim Bw Villingen am 31. Oktober 1956 nahm die Vollverdieselung der Schwarzwaldbahn und des Bw Villingen ihren Anfang. Bis zur Aufnahme des elektrischen Betriebs zwischen Offenburg und Villingen 1975 war hier einer der Einsatzschwerpunkte der Baureihe V 200. Die V 200 144 hat am 8. Mai 1967 mit dem E 676 nach Konstanz gerade den Mühlhalde-Tunnel bei Triberg durchfahren. **Foto: L. Rotthowe**

Bild 72: 220 052 mit Güterzug nach Offenburg bei der Ausfahrt aus Triberg am 3. Juli 1974. **Foto: St. Lauscher**

Bild 73 (unten rechts): Die 220 085 und die 215 148 rangieren am 11. April 1974 mit einem aus offenen Seitenladewagen bestehenden Ganzzug an die Ladestelle in Schenkenzell (Strecke Hausach – Freudenstadt). **Foto: M. Ruf**

Zu einem besonderen Prüfstein wurden die Einsätze der V 200 auf der Schwarzwaldbahn. Der Güterzugverkehr war dort bislang eine Domäne der Baureihe 44 gewesen. Mit Steigungen bis 23‰ mußten auf der kurzen Strecke von knapp 30 km ein Höhenunterschied von 450 m bewältigt und dabei 36 kürzere und längere Tunnels durchfahren werden. Die Versuche ergaben, daß die V 200 der Baureihe 44 zumindest ebenbürtig war. Im Plandienst gab es später allerdings einige Probleme. Durch Überbeanspruchung traten zu Beginn der sechziger Jahre Schäden an den offensichtlich etwas zu schwach dimensionierten Getrieben auf, die jedoch der Bestellung entspra-

Bild 74: Lokomotiven der Baureihe V 200[1] waren lange Jahre beim Bw Kempten beheimatet und schwerpunktmäßig auf den Hauptstrecken im Allgäu eingesetzt. 221 141 am 13. Mai 1974 auf Lz-Fahrt von Immenstadt nach Kempten (Allgäu) bei Seifen. **Foto: M. Ruf**

Bild 75: Hochbetrieb in Ulm am Nachmittag des 3. Juni 1967: Die V 200 141 verläßt Ulm gerade mit dem E 4692 in Richtung Friedrichshafen, während die V 100 1343 mit dem P 1326 am Hauptsignal auf die Einfahrt nach Ulm Hbf wartet. Dahinter ist auf der Brücke über die Donau ein aus "Silberlingen" bestehender Reisezug Richtung Neu-Ulm zu erkennen.

Bild 76 (rechte Seite oben): V 200 106 mit E 4693 auf der "Schwäbsche Eisebahne" bei Durlesbach (Strecke Ulm – Friedrichshafen), aufgenommen am 17. Juli 1967.
Fotos 75 und 76: U. Montfort

Bild 77 (rechte Seite Mitte): 221 143 mit D 1213 von Dortmund nach Oberstdorf am 19. Mai 1974 bei Seifen (Allgäu). **Foto: M. Ruf**

Bild 78 (rechte Seite unten): 221 106 mit Touropa-Urlaubszug nach Oberstdorf am 19. Mai 1973 bei Martinszell (Allgäu). **Foto: M. Ruf**

chen. Dies hatte eine Serie von Ausfällen zur Folge, so daß einige der bereits zur Ausmusterung vorgesehenen Dampflokomotiven der Baureihe 39 in den Reisezugdienst nach Villingen zurückbeordert werden mußten.

Insgesamt betrachtet war aber den ersten zweimotorigen Großdiesellokomotiven ein voller Erfolg beschieden. Nach der positiven Bilanz erteilte die Deutsche Bundesbahn der Firma Krauss-Maffei noch im Jahre 1957 den Auftrag zur Lieferung einer zweiten größeren Bauserie mit weiteren 31 Lokomotiven. Diese Fahrzeuge gelangten

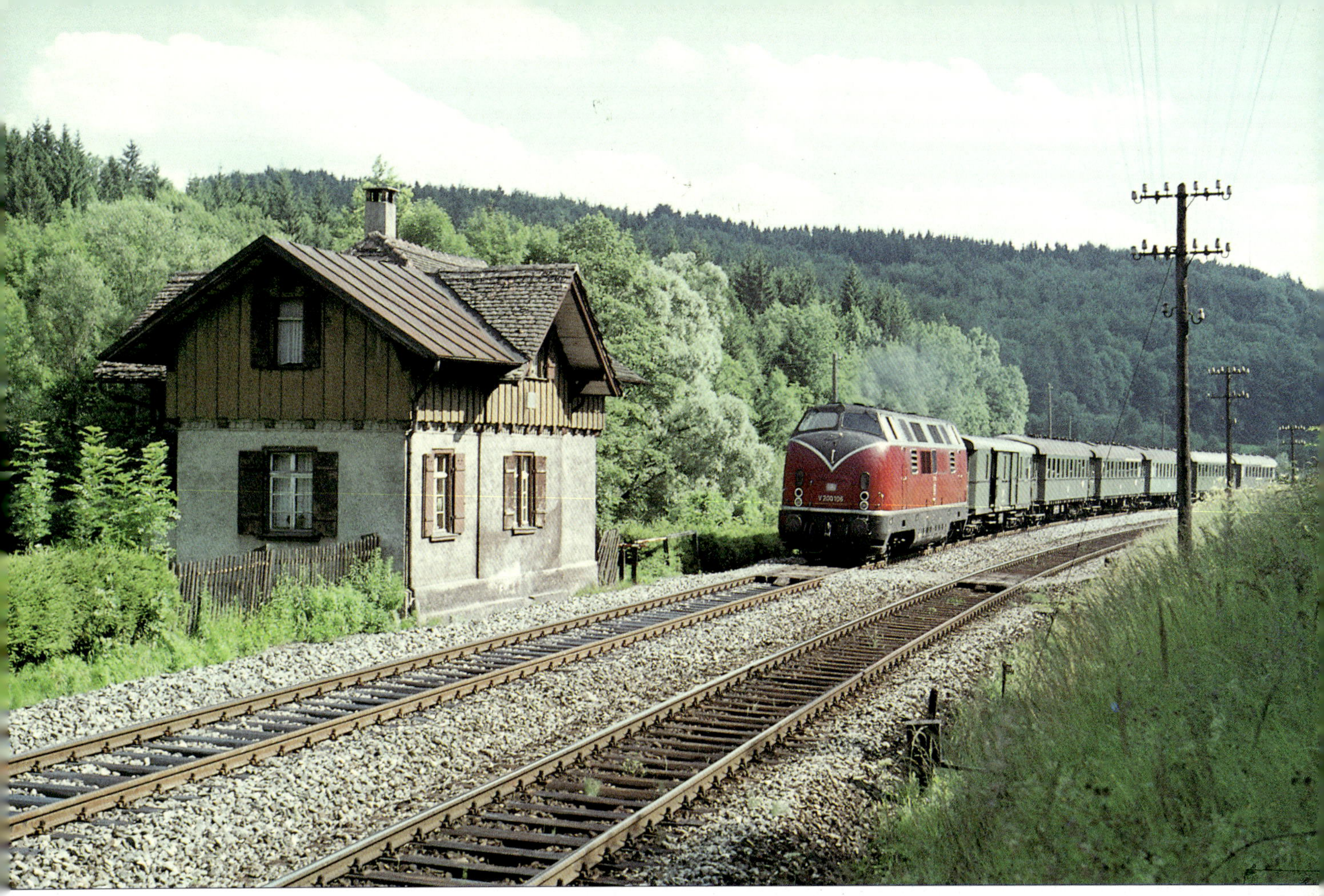

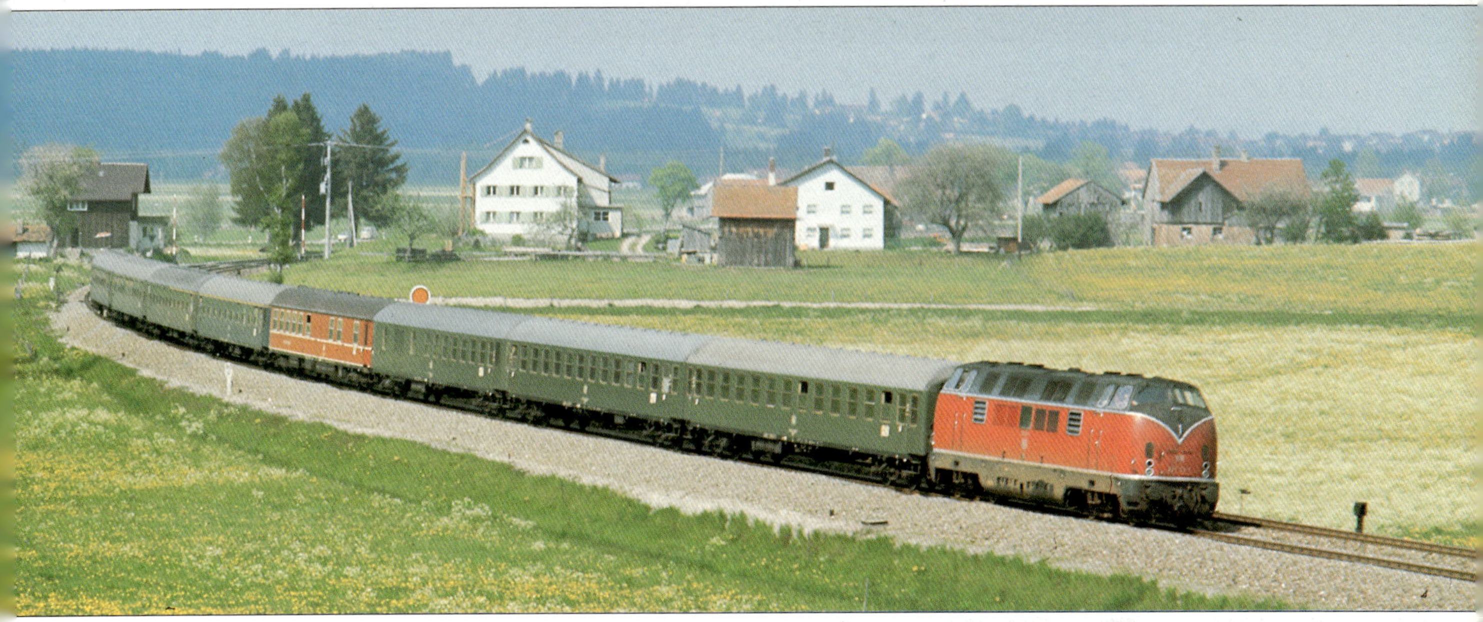

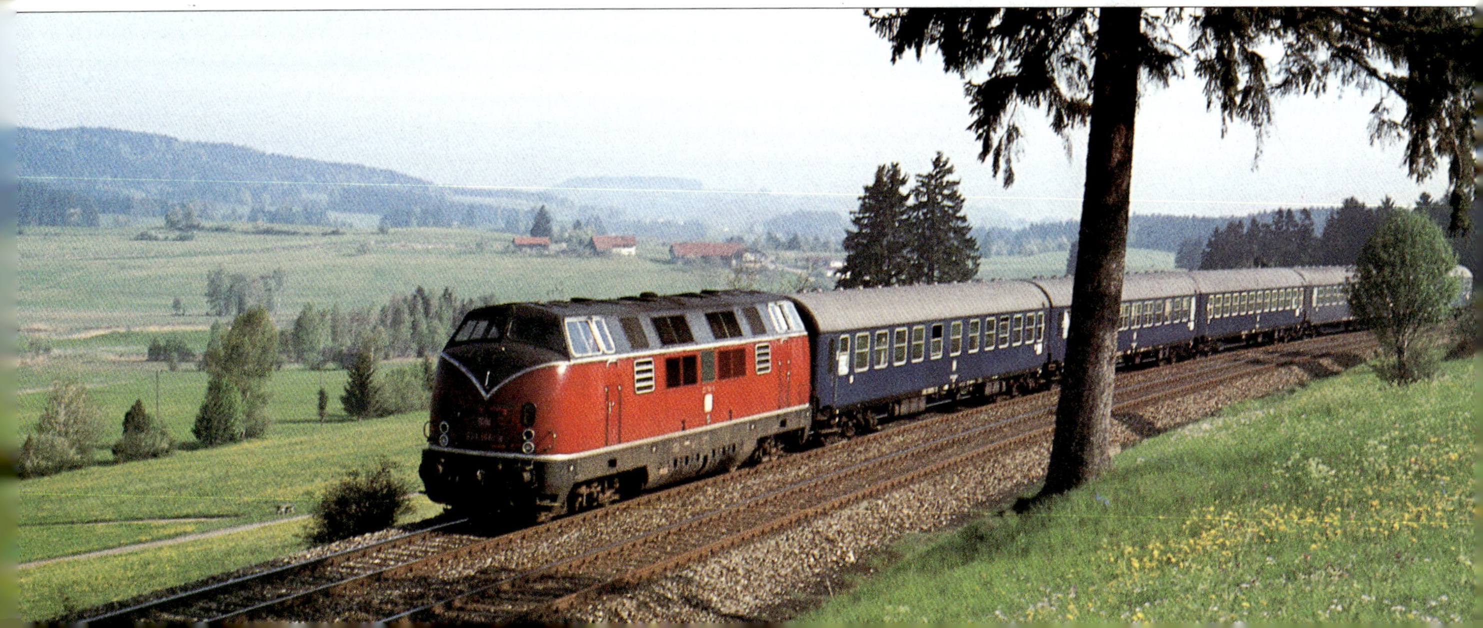

zwischen dem 11. Februar und dem 18. August 1959 zum Betriebseinsatz.
Vier Stück kamen nach Frankfurt/M-Griesheim, 19 Stück zum Bw Hamm P und acht Stück nach Villingen, so daß sich zum Jahresende 1959 die nun 86 Lokomotiven wie folgt verteilten:

Bw Frankfurt/M-Griesheim	15 Stück
V 200 001, 002, 003, 004, 005, 010, 011, 013, 014, 015, 016, 056, 057, 060, 061	
Bw Hamburg-Altona	**19 Stück**
V 200 006, 007, 012, 018, 019, 020, 024, 025, 041, 043 bis 051	
Bw Hamm P	**30 Stück**
V 200 008, 009, 021, 022, 023, 029, 034, 035, 036, 040, 042, 058, 059, 068 bis 084	
Bw Villingen	**22 Stück**
V 200 026, 027, 028, 030, 031, 032, 033, 037, 038, 039, 052, 053, 054, 055, 062, 063, 064, 065, 066, 067, 085, 086	

Die Lokomotiven der Baureihe V 200, die zunächst vorzugsweise im Verkehr mit F-Zügen eingesetzt waren, mußten zu Beginn der sechziger Jahre in zunehmendem Maße auch schwere D- und Eilzüge befördern. Inzwischen waren die Züge länger und zehrten allmählich die Leistungsreserven der V 200 auf. Die entstehenden Verspätungen konnten nicht mehr aufgeholt werden, so daß sich der Pünktlichkeitsgrad der Züge verschlechterte. Problematisch wurde auch die Beheizung langer Züge bei tiefen Außentemperaturen, da die Heizkesselanlage dafür noch nicht ausreichte. Bei hoher Beanspruchung der Maschinen nahm die Betriebszuverlässigkeit ab, und der Unterhaltungs-Aufwand stieg beträchtlich.
Zur Beschaffung einer dem Prototyp V 320 entsprechenden Bauart mit 4000 PS wollte sich die DB nicht entschließen, und die einmotorige V 160 mit einer Leistung von 1900 PS schied für den schweren Schnellzugdienst aus. Da inzwischen leistungsstärkere Motoren zur Verfügung standen, erhielt das BZA München im Jahre 1960 den Auftrag, zusammen mit Krauss-Maffei eine verstärkte V 200 zu entwickeln, von der zunächst 20 und danach weitere 30 Maschinen als Baureihe V 200[1] zur Lieferung vorgesehen wurden. Die V 200 101 bis 120 sind noch 1963 in Dienst gestellt worden, die V 200 121 bis 150 folgten in den Jahren 1964 und 1965.
Durch die zunehmende Elektrifizierung zu Beginn der sechziger Jahre ergaben sich die ersten Umstationierungen der Vorauslokomotiven und der Maschinen aus den Serienlieferungen. Davon betroffen waren zuerst die Fahrzeuge aus dem Bestand des Bw Frankfurt/M-Griesheim, das bis zum Fahrplanwechsel Ende Mai 1962 alle Lokomotiven abgab. Die Maschinen wechselten

Bild 79 (oben): Unermüdlich pendelten in den siebziger Jahren Lokomotiven der Baureihe 220 mit Eilzügen zwischen Lübeck und Hamburg: 220 043 mit E 3025 am 19. Februar 1978 nordöstlich von Bargteheide. **Foto: G. Propfe**

Bild 80: Den TEE 35/34 "MERKUR" (Stuttgart – Kopenhagen) gab es nur von 1974 bis 1978. Zwischen Hamburg und Puttgarden oblag die Bespannung den beim Bw Lübeck beheimateten Lokomotiven der Baureihe 221 (221 112 mit TEE 34 bei Hamburg-Rahlstedt am 22. Januar 1978). **Foto: G. Propfe**

nach Hamburg-Altona, Hamm P, Villingen, Würzburg und die V 200 061 nach Kempten. Nach Würzburg kamen die
V 200 001, 002, 003, 004, 005, 010, 011, 013, 056, 057 und 058.
Diese Lokomotiven waren hauptsächlich vor E- und D-Zügen eingesetzt, beförderten aber auch Eil-, Personen- und Güterzüge. In den Laufplänen nach Bamberg, Hamburg, Hannover, Heilbronn und Heidelberg erreichten sie tägliche Laufleistungen zwischen 650 und 980 km je Lok. Im Sommer 1962 begann auch der Planeinsatz der V 200 beim Bw Kempten mit den Maschinen V 200 014, 015 und 016, zu denen im Oktober 1962 noch die V 200 019 aus Hamburg-Altona und im Jahre 1964 die V 200 034 und 083 aus Hamm hinzukamen.
Zusammen mit den ab 1963 neu angelieferten Fahrzeugen der Reihe V 200^1 liefen die V 200^0 zum überwiegenden Teil auf der

Bild 81 (oben rechts): Die 220 021 schiebt am 20. Juni 1970 einen Wendezug (Eilzug) von Hamburg nach Lübeck, aufgenommen in der Elbe-Metropole. **Foto: L. Rotthowe**

Bild 82: Die 220 020 hat im August 1972 mit einem Autotransportzug von Westerland (Sylt) den Hindenburgdamm überquert und strebt bei Klanxbüll nun dem Zielbahnhof Niebüll entgegen. **Foto: T. Nielsen**

Bild 83: Die 220 072 hat mit der niederländischen Wagengarnitur des E 2244 (Bad Harzburg – Amsterdam) die deutsch-niederländische Grenze bei Bad Bentheim passiert und wird in Kürze in Oldenzaal eintreffen (8. Mai 1976). **Foto: L. Rotthowe**

Bild 84 (rechts): Die 220 037 befindet sich am 25. April 1982 mit dem aus fünf vierachsigen Umbauwagen bestehenden N 7822 bei Hankenberge (Strecke Osnabrück – Bielefeld) auf der Fahrt durch den Teutoburger Wald. **Foto: J. Högemann**

Bild 86 (rechte Seite unten): Schnellzugdienst auf der Strecke Hannover – Oebisfelde: 220 057 mit D 477 bei der Blockstelle Winkel (19. März 1976). **Foto: W. D. Loos, Sammlung Högemann**

Bild 85 (unten): Eine Lokomotive der Baureihe 220 mit einem aus Richtung Berlin kommenden Schnellzug unmittelbar an der innerdeutschen Grenze bei Oebisfelde. Sie fährt im März 1977 Hannover entgegen. **Foto: W. D. Loos, Sammlung Högemann**

Strecke München – Lindau, kamen aber auch im Bereich Ulm – Friedrichshafen – Kempten zum Einsatz und verdrängten dort die letzten Dampflokomotiven der bayerischen Gattung S 3/6.

Aus einer Studie der Diesel-Netzgruppe im Südwest-Bezirk der DB, die weite Teile Bayerns und ganz Baden-Württemberg einschloß, geht hervor, daß sich die Fahrzeiten der D-Züge von München nach Lindau durch die Bespannung mit Diesellokomotiven um rund 25 Minuten auf etwas mehr als 2 Stunden verkürzen ließen. Dieser Gewinn stand auch im Zusammenhang mit anderen Maßnahmen. Durch den Einsatz von Drehgestell-Diesellokomotiven mit geringerer Beanspruchung der Strecke konnte eine höhere Geschwindigkeit in den zahlreichen Kurven mit Halbmessern von 300 m zugelassen werden.

Ähnliche Fahrzeitgewinne von 9 bis 15% wurden auch auf der Schwarzwaldbahn von Offenburg nach Villingen und auf der weiteren Strecke nach Hattingen und Konstanz erzielt. Ein immer noch nicht auf allen Streckenteilen vorhandener Vorsignalabstand von 1000 m verhinderte eine Steigerung der Höchstgeschwindigkeit auf 100 km/h und noch kürzere Reisezeiten.

Ein weiterer betriebswirtschaftlicher Gewinn war die durch den Einsatz von Diesellokomotiven möglich gewordene Verringerung des Personalbestands in den Bahnbetriebswerken. Besonders deutlich wird dies an der Entwicklung im Bw Villingen. Im Zeitraum von 1958 bis 1968 konnte dort der

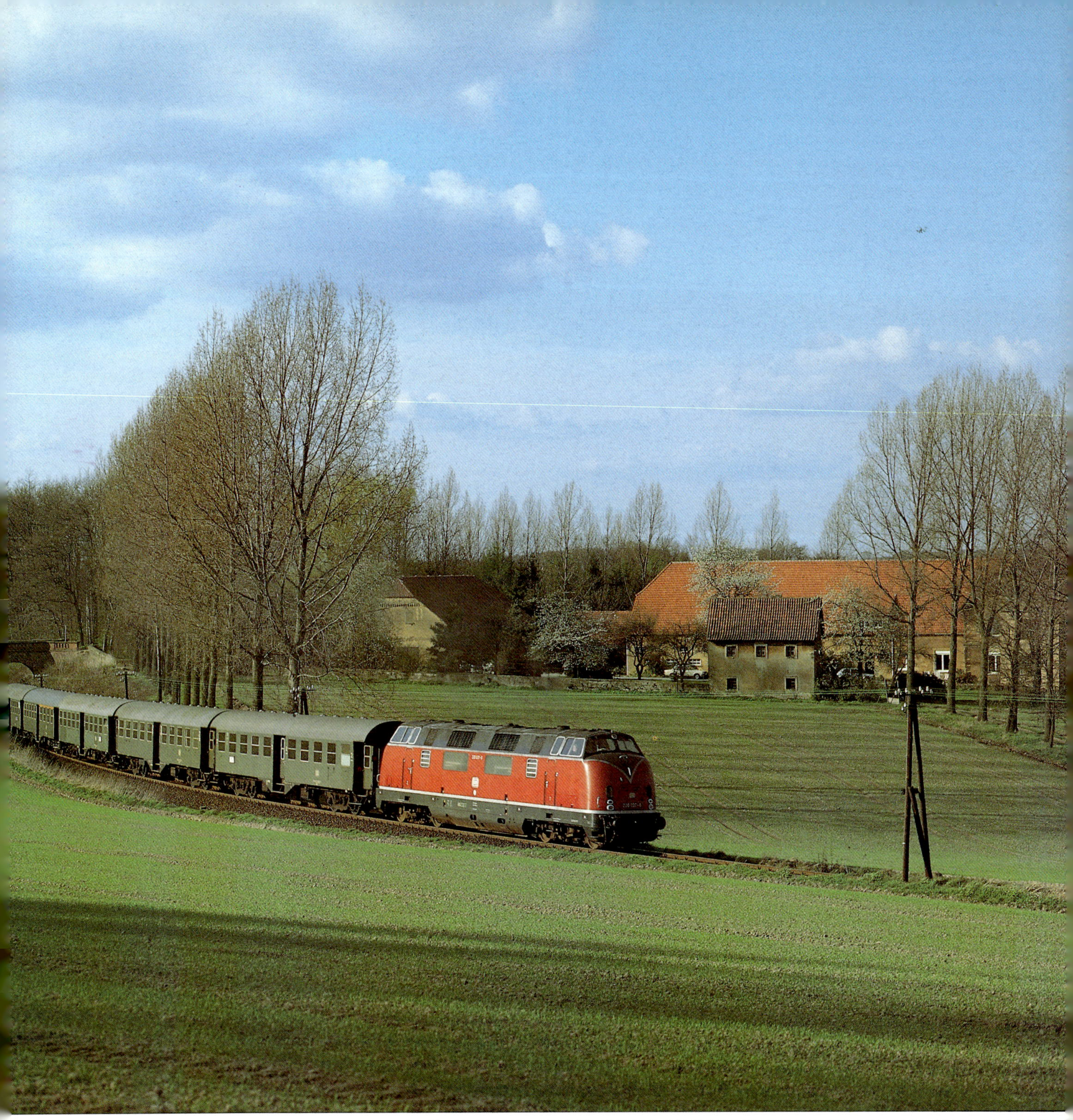

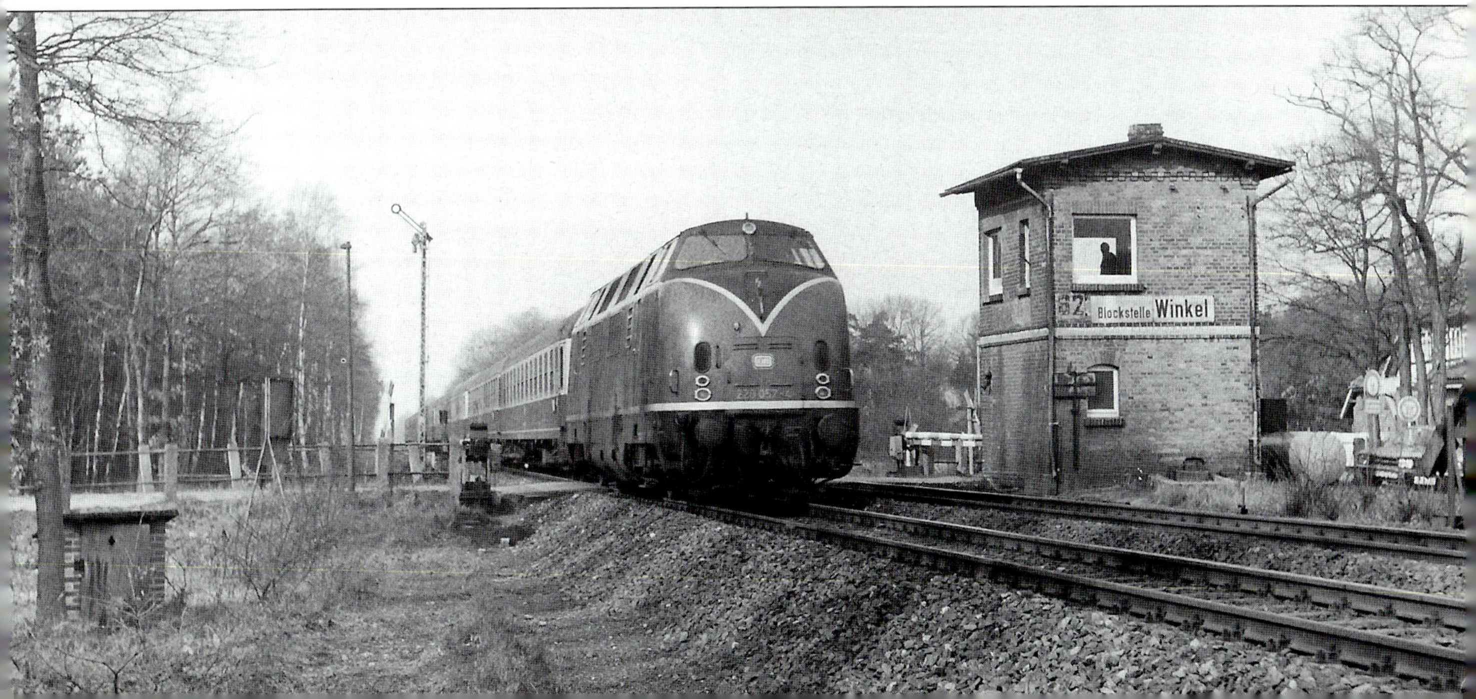
Blockstelle Winkel

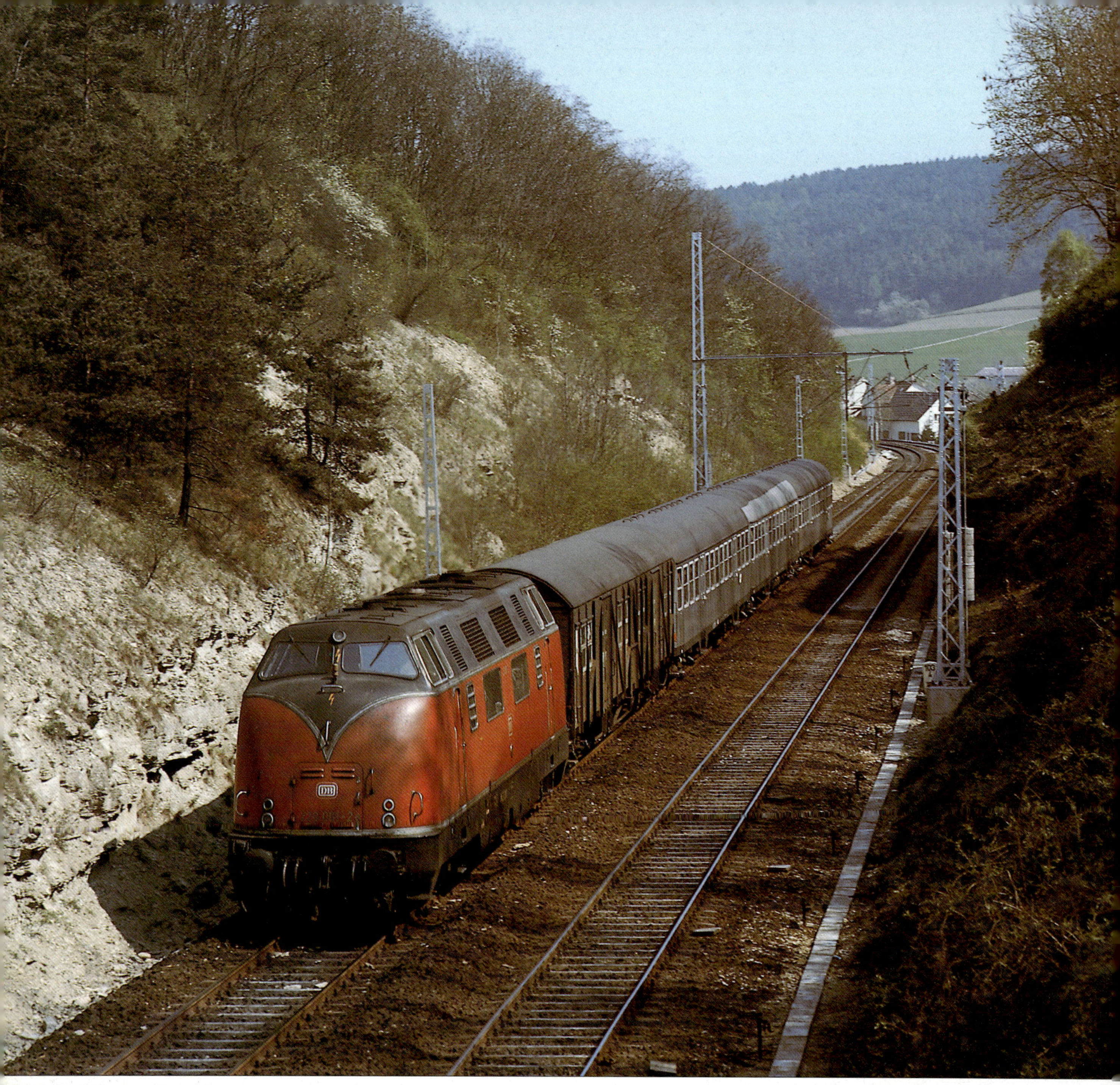

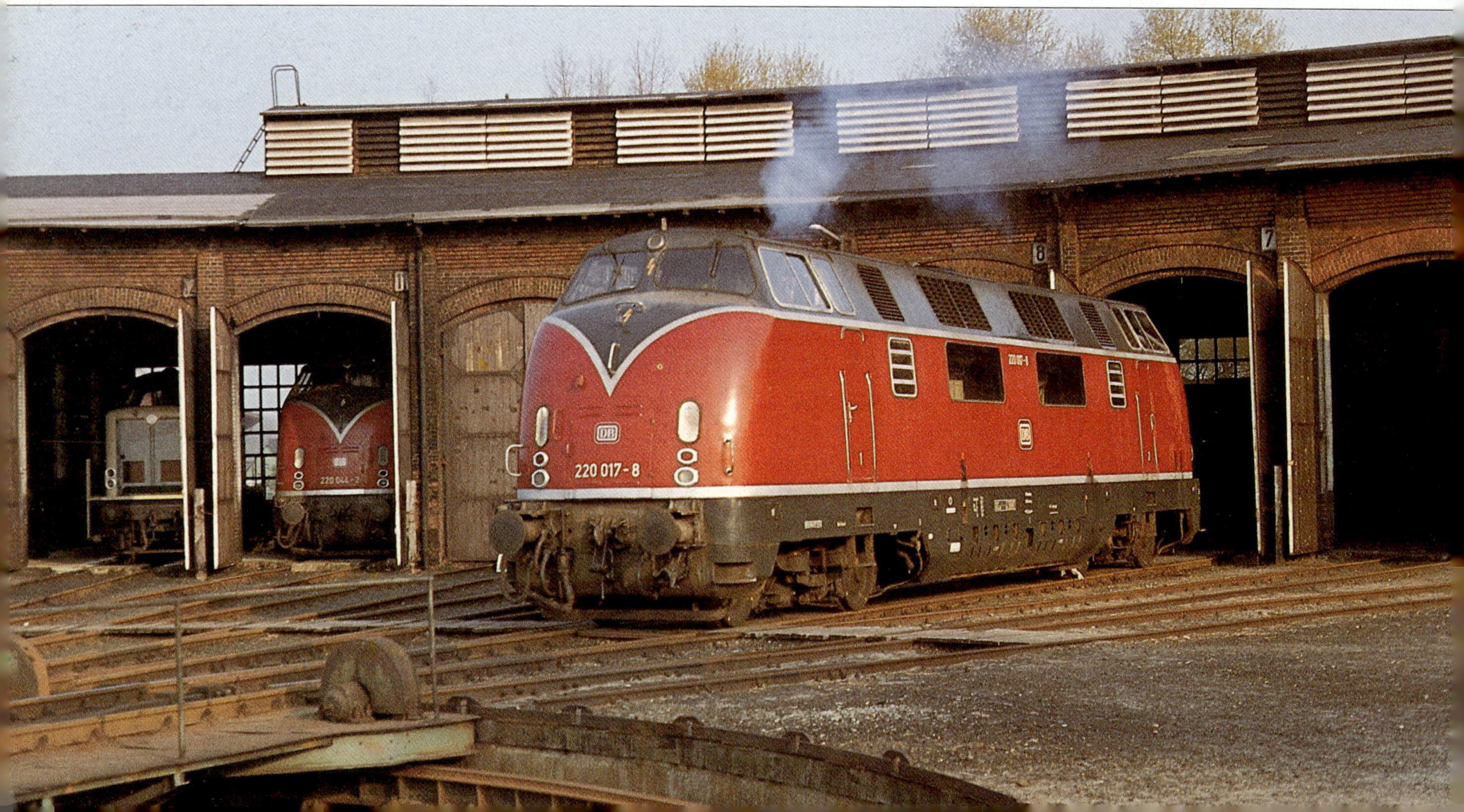
220 017-8

Bild 89: 221 127 und 221 110 am 8. Oktober 1987 im Bw Gelsenkirchen-Bismarck. **Foto: M. Hüser**

Bild 87 (linke Seite oben): 220 001 mit Eilzug Würzburg – Heidelberg bei Lauda (Frühjahr 1975). Die Masten für die Elektrifizierung der Strecke stehen bereits, die Umstellung von Diesel- auf Elektrotraktion naht. **Foto: H. Obermayer**

Bild 88 (linke Seite unten): Vor dem Rundschuppen in Cuxhaven hat der Fotograf am 15. Mai 1978 die 220 017 im Bild festgehalten. **Foto: J. Seif**

Bild 90 (rechts Mitte): Sonntagsruhe am 17. Februar 1985 auf den Lokabstellgleisen in Wanne-Eickel Hbf: Neben Elektrolokomotiven der Baureihen 140, 150 und 151 waren an diesem Tag auch sieben Maschinen der Baureihe 221 über das Wochenende hinterstellt. **Foto: J. Bertsch**

Bild 91 (rechts unten): Bw Rheine Rbf am 12. Oktober 1978 – ein ganzer Rundlokschuppen voller Lokomotiven der Baureihe 221 (v.l.n.r.): 221 143, 221 107, 221 139, 221 142, 221 150 und 221 144. **Foto: R. Köstner**

Gesamtpersonalbestand von 436 auf 285 Mitarbeiter reduziert werden. Darüber hinaus ergab sich der Vorteil, daß trotz der geringen Zugzahlen auf einigen Strecken 1,2 bis 1,5 Dampflokomotiven durch eine Diesellokomotive ersetzt werden konnten. Weitere Einsparungen ergaben sich durch die einmännige Besetzung der Dieseltriebfahrzeuge.

Neu zu den Einsatzdienststellen hinzu kam das Bw Limburg, in dem die V 200 016 ab 1964 und die
  V 200 014, 026, 027, 028, 030, 031 und 061
ab Juni 1965 bis 1967 stationiert waren. Die Lokomotiven bespannten F- und D-Züge nach Kaiserslautern, Frankfurt/M und Kassel, bis sie nach Kaiserslautern umbeheimatet wurden. Im Jahre 1969 war auch noch die V 200 023 von Hamm P nach Kaiserslautern gekommen. In ihren Umläufen fuhren die Maschinen nach Bingerbrück, Frankfurt/M, Karlsruhe und Saarbrücken.

Als am 1. Januar 1968 der neue Nummernplan der Deutschen Bundesbahn in Kraft trat, waren die Lokomotiven V 200^0 zur Reihe 220 und die stärkere V 200^1 zur Baureihe 221 umgezeichnet worden. Zu diesem Zeitpunkt waren noch alle Fahrzeuge

Bild 92: Die 220 060 rollt am 18. Juli 1982 mit dem E 2872 unter der interessanten Signalbrücke mit den Ausfahrsignalen des Kopfbahnhofs Bad Harzburg hindurch. **Foto: St. Winkler**

Bild 93 (rechte Seite oben): 220 082 mit Nahverkehrszug von Bassum nach Bünde (Westfalen) bei Schwaförden (3. Juni 1980). **Foto: L. Kenning**

Bild 94 (rechte Seite Mitte): Die 221 136 vom Bw Villingen ist 1976 mit einem Schnellzug aus Nürnberg in Stuttgart Hbf eingetroffen. Der Lokführer wartet nun darauf, daß die Wagengarnitur abgezogen wird, damit er mit seiner Diesellok zum Tanken ins Bw Stuttgart einrücken kann. **Foto: H. Obermayer**

Bild 95 (rechte Seite unten): Wieviel hat sich doch bei der Deutschen Bundesbahn verändert, seit diese Aufnahme vor nicht ganz 20 Jahren, am 18. April 1975, im Nürnberger Hauptbahnhof gemacht worden ist. Die 119 012 steht heute im Museum, die 220 061 ist inzwischen ebenso verschrottet worden wie der Wasserkran, und viele der Zuglaufschilder im Ständer (links) haben heute nur noch historischen Wert. **Foto: U. Montfort**

beider Bauarten im Einsatzbestand, der sich nun mit neuen Nummern wie folgt gliederte:

Baureihe 220	
Bw Hamburg-Altona	**17 Stück**
220 019, 020, 021, 022, 024, 025, 035, 040, 041, 043, 044, 045, 046, 047, 049, 050, 051	
Bw Hamm P	**33 Stück**
220 006, 007, 008, 009, 012, 017, 018, 023, 029, 036, 038, 042, 058, 059, 066 bis 084	
Bw Kaiserslautern	**8 Stück**
220 014, 016, 026, 027, 028, 030, 031, 061	
Bw Villingen	**15 Stück**
220 032, 033, 037, 039, 048, 052, 053, 054, 055, 062, 063, 064, 065, 085, 086	
Bw Würzburg	**13 Stück**
220 001, 002, 003, 004, 005, 010, 011, 013, 015, 034, 056, 057, 060	
Baureihe 221	
Bw Kempten	**16 Stück**
221 101, 102, 103, 104, 105, 106, 107, 108, 135, 136, 137, 138, 140, 141, 142, 143	
Bw Lübeck	**21 Stück**
221 109, 110, 111, 112, 113, 114, 115, 116, 117, 118, 119, 120, 128, 129, 130, 131, 132, 133, 134, 146, 147	
Bw Villingen	**13 Stück**
221 121, 122, 123, 124, 125, 126, 127, 139, 144, 145, 148, 149, 150	

Aus dieser Aufstellung ist zu ersehen, daß mit dem Bw Lübeck eine neue Einsatzdienststelle hinzugekommen war und die Betriebswerke Kempten und Villingen beachtlichen Zuwachs an Loks der Reihe 221 erhalten hatten.

Durch die Elektrifizierung im Raum Hamm waren dort viele 220er frei und im Mai und September 1968 sowie im Mai 1969 zum überwiegenden Teil zum Bw Hannover umbeheimatet worden. Eine größere Anzahl ging ab 1969 schon wieder zum Bw Hamburg-Altona weiter. Andere Fahrzeuge kamen zwar wieder hinzu, doch im September 1975 war der Einsatz der Reihe 220 in Hannover zu Ende, und die dort noch vorhandenen 22 Lokomotiven fanden in Braunschweig vorübergehend eine neue Heimat, bis sie im Juni 1976 zum Bw Oldenburg weitergereicht wurden.

In diesem Betriebswerk waren im Laufe des Jahres 1975 bereits 14 Lokomotiven aus Villingen und 12 Maschinen aus Würzburg eingetroffen. Die Oldenburger 220er fuhren bis Braunschweig, Cuxhaven, Hameln, Lübeck und Oberhausen. Ende 1976 waren die noch vorhandenen 83 Fahrzeuge der Baureihe 220 in Oldenburg und Lübeck konzentriert. Mit dem weiteren "Vordringen" des Fahrdrahts über den Strecken im Norden und Nordwesten der Bundesrepublik schrumpfte der Bestand an Maschinen der Reihe 220 des Bw Oldenburg bis zum Sommer 1980. Nur einige wenige der Großdiesellokomotiven wurden dort noch benötigt, bis am 29. Mai 1983 der Planeinsatz in Oldenburg endete.

Die Lokomotiven 220 031, 037, 051, 062, 065, 068 und 075 fanden Aufnahme im Bw Lübeck, alle anderen Maschinen wurden zgestellt und ausgemustert. Im Rahmen der weiteren Konzentrierung der DB-Triebfahrzeuge war Lübeck zum Auslauf-Bw der Baureihe 220 bestimmt worden. Die Langläufe entfielen, und der Aktionsbereich erstreckte sich auf das Gebiet zwischen Cuxhaven, Lüneburg, Hamburg, Kiel und Puttgarden. Wie sich die Reihen zuvor schon gelichtet hatten, zeigt die Auflistung des Einsatzbestands vom 31. Dezember 1980:

Bw Lübeck	**30 Stück**
220 007, 009, 010, 012, 013, 014, 015, 016, 017, 018, 019, 023, 025, 026, 027, 029, 030, 033, 036, 039, 040, 041, 043, 045, 048, 050, 058, 060, 071, 074	
Bw Oldenburg	**15 Stück**
220 020, 022, 028, 031, 037, 051, 053, 055, 061, 062, 063, 065, 068, 075, 076	

Von der Baureihe 220 hatten nur die 220 012, 023 und 060 die zu diesem Loktyp überhaupt nicht passende ozeanblau/beige

Lackierung erhalten. Alle anderen Fahrzeuge fuhren bis zu ihrer z-Stellung im roten Deckanstrich nach RAL 3004.

Die Baureihe 221 war Ende 1980 mit noch 48 betriebsfähigen Exemplaren im Bw Gelsenkirchen-Bismarck zusammengefaßt. Die 221 148 war bei einem Unfall am 9. Mai 1974 bei Villingen so stark beschädigt worden, daß ihre Ausmusterung verfügt werden mußte. Einem Unfall fiel auch die 221 150 zum Opfer; sie schied im Oktober 1980 aus dem Betriebsdienst aus. Kurz nach ihrer Indienststellung bis zur Mitte der siebziger Jahre waren die Lokomotiven der Baureihe 221 meist im hochwertigen Reisezug- und im schweren Güterzugdienst eingesetzt. Hierbei erreichten sie störungsfreie Laufleistungen von mehr als 500 000 km. Nach der Elektrifizierung der Schwarzwald- und der Gäubahn sowie nach dem Erscheinen der Baureihen 210 und 218 auf der Allgäu-Strecke von München nach Lindau verschlug es die süddeutschen 221er ab dem Fahrplanwechsel 1980/81 in den Westen, zunächst zum Bw Gelsenkirchen-Bismarck, das 1980 auch zur neuen Heimat für die bislang in Lübeck und Oldenburg stationierten Maschinen der Reihe 221 geworden war. Auslauf-Bw wurde schließlich Oberhausen-Osterfeld Süd, das zu jener Zeit in "Bw Oberhausen 1" umbenannt wurde. Das letzte Einsatzgebiet aller noch vorhandenen 48 Fahrzeuge der Baureihe 221 umfaßte das gesamte Ruhrgebiet und weite Teile des Direktionsbezirks Köln, zu denen auch die steigungsreichen Strecken der Eifelbahn hinzukamen.

Zu den besonderen Zugleistungen zählten einige schwere Güterzüge, die zum Teil in Doppeltraktion gefahren wurden. Dies waren der Ganzzug 58000 von Gladbeck West nach Duisburg-Hochfeld Süd mit einer Zuglast von 2914 t. Mit 2455 t etwas leichter war der ab Gelsenkirchen-Schalke verkehrende Ganzzug 58798. Im Reisezugdienst waren die Leistungen auf der Eifelstrecke noch von besonderer Bedeutung. Ab dem 30. Mai 1983 war der D 15136 von Duisburg nach Trier mit einer 221 bespannt und meist auch der D 2136 von Norddeich nach Trier. Auf seiner letzten Fahrt am 29. April 1985 wurde der D 15136 von der 221 131 befördert.

Unvergessen sind auch die von Lokomotiven der Baureihe 221 geführten Wintersportzüge von verschiedenen Städten des Ruhrgebiets nach Winterberg im Sauerland. Im Februar 1987 endeten diese Einsätze bzw. wurden von der Baureihe 218 übernommen. Wenig später begann sich auch der Rückgang des Güterverkehrs im Ruhrgebiet auszuwirken: Nahezu die Hälfte der 221er wurde entbehrlich. Die Mehrzahl der Lokomotiven hatte lange zuvor schon das ozeanblau/beige Farbkleid erhalten. Bei einer Reihe von Maschinen, die nur im Güterzugdienst unterwegs waren, hatte die DB noch die Heizkesselanlagen ausbauen lassen. Hierzu zählten die

221 101, 111, 123, 132, 138, 141, 142, 143, 145, 146 und 147.

Bereits im Mai 1987 waren viele Lokomotiven entbehrlich geworden, im September wurden weitere abgestellt, und am 28. Mai 1988 endete schließlich die Dienstzeit der Baureihe 221. Einen Überblick über die Einsatzbestände und die Beheimatung der Fahrzeuge während der Zeit von 1965 bis 1987 geben die Tabellen im nachfolgenden Kapitel.

Im Laufe des langen Betriebseinsatzes waren mehrere Maschinen beider Baureihen in verschiedene Unfälle verwickelt. Die dabei entstanden Schäden konnten meist noch behoben werden, nur in wenigen Fällen mußte eine Ausmusterung der betreffenden Lokomotiven verfügt werden.

Bild 97: Die 221 145 rollt mit einem leeren Ganzzug für den Erztransport am 18. Mai 1977 bei Kluse durch die schier endlose Weite des Emslands in Richtung Norden. **Foto: D. Kempf**

Bild 96 (linke Seite oben links): Da schlägt das Herz jedes Dampflokfans höher! 221 145 und eine Lokomotive der Baureihe 043 verlassen mit einem schweren Ganzzug Richtung Ruhrgebiet im Dezember 1976 den Rangierbahnhof Emden. **Foto: K. Wilmsmeyer**

Bild 98 (linke Seite unten): 220 037 mit dem DC "Münsterland" (Emden – Frankfurt/Main) bei Kluse am 18. Mai 1977. **Foto: D. Kempf**

Bild 99: Die 221 143 und die 220 073 befördern am 18. Mai 1977 bei Lathen gemeinsam einen gemischten Güterzug von Rheine nach Emden. **Foto: D. Kempf**

Bild 100: 221 140 und 043 381 mit einem der berühmten 4000-t-Erzzüge von Emden ins Ruhrgebiet bei Oldersum (17. Mai 1977). **Foto: D. Kempf**

Bild 101: Letztes Einsatzgebiet für die Lokomotiven der Baureihe 221 der Deutschen Bundesbahn war der Güterzugdienst im Ruhrgebiet: 221 127 mit dem Ganzzug 63473 auf der Fahrt vom Mannesmann-Werk in Mülheim-Styrum nach Duisburg-Hochfeld in Oberhausen-Alstaden (13. Mai 1988). Foto: M. Hüser

Bild 102: Die 221 121 verläßt am 13. Februar 1987 mit einem Ganzzug das Mannesmann-Werk in Duisburg-Huckingen. Foto: Th. Feldmann

Bild 104 (rechte Seite unten): Bei guter Schneelage im Hochsauerland verkehren von Münster und aus dem Ruhrgebiet Wintersport-Sonderzüge nach Winterberg (Westfalen). Diese Züge wurden auch mit Lokomotiven der Baureihe 221 bespannt. Am 8. Februar 1987 hat die 221 139 mit einem Sonderzug aus Münster den Bahnhof Winterberg (Westfalen) fast erreicht. Foto: Th. Feldmann

Bild 103: 221 117 und 221 121 mit dem schweren Ganzzug 58002 von Gladbeck West zum Mannesmann-Werk in Duisburg-Hochfeld fahren am 6. August 1986 bei Duisburg-Hochfeld Süd am Rheinufer entlang. Foto: Th. Feldmann

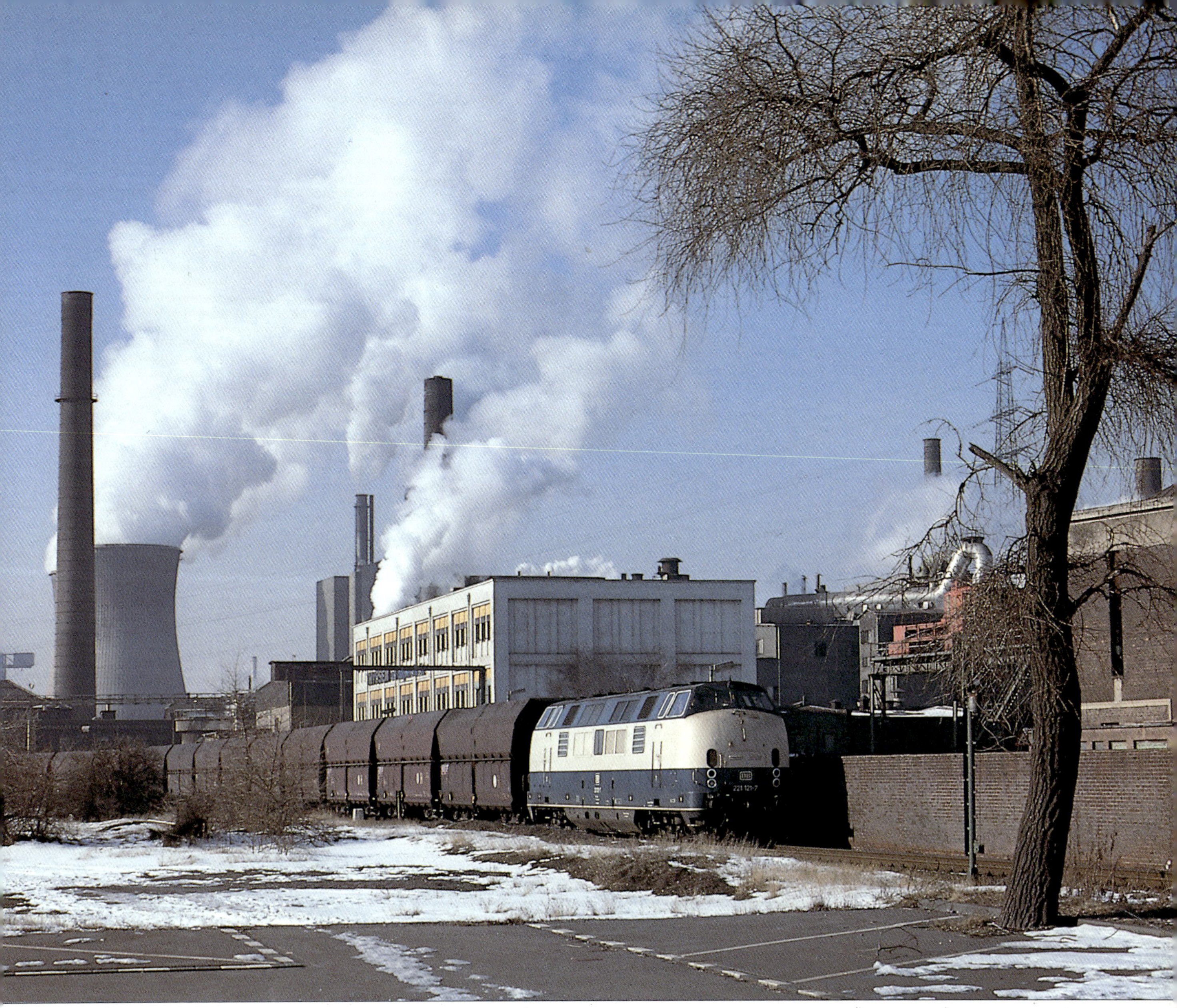

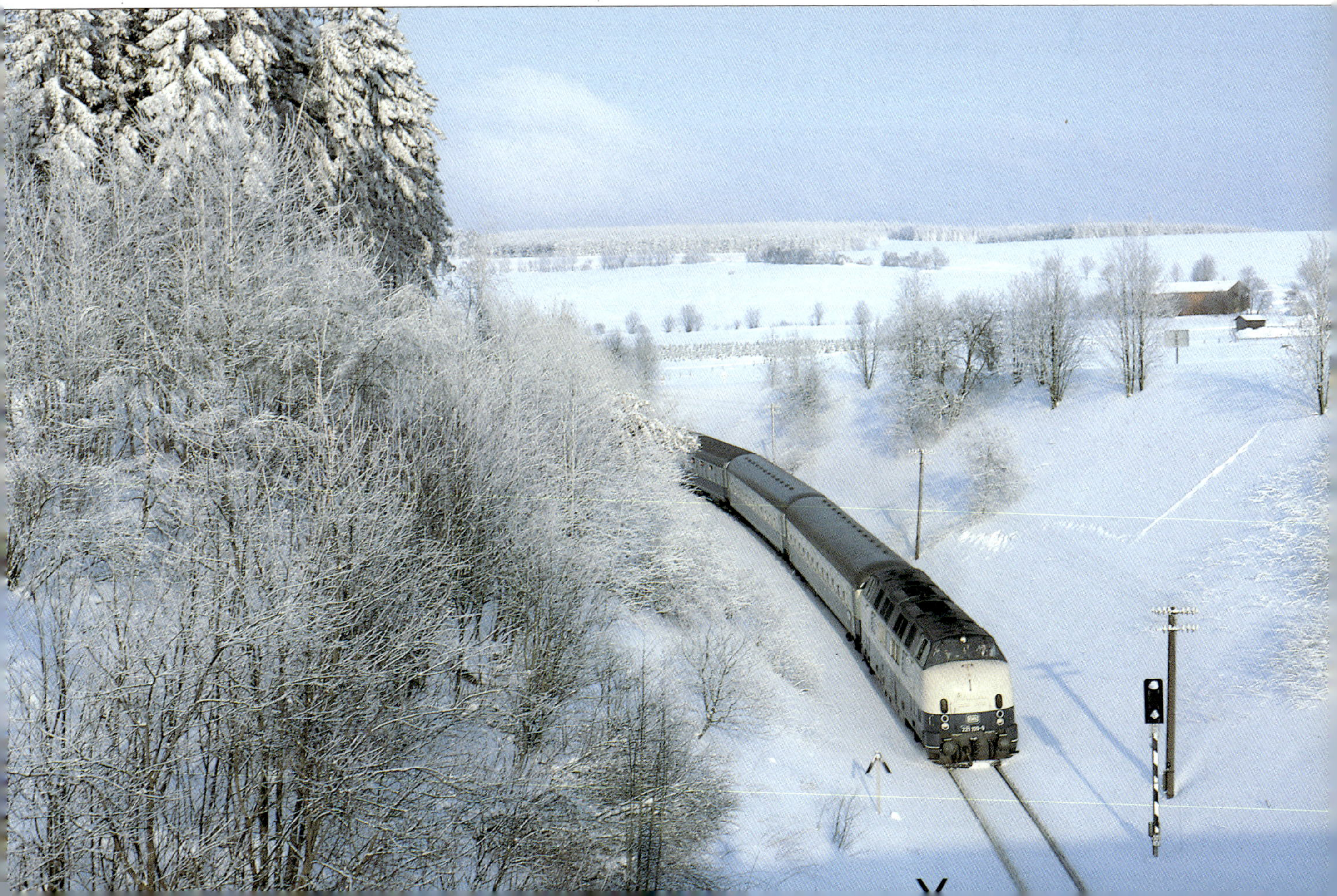

Bild 105: 220 079 mit Eilzug nach Rheine verläßt Mitte der siebziger Jahre Salzbergen. **Foto: J. Nelkenbrecher**

Bild 106: Die Vorserienlokomotive 220 004 legt sich am 24. April 1975 mit einem Eilzug Richtung Heidelberg – Kaiserslautern bei Würzburg in die Kurve. **Foto: J. Nelkenbrecher**

Bild 107: 220 036 am 22. März 1979 mit Eilzug Hamburg – Kreiensen im Harzvorland bei Harriehausen (zwischen Seesen und Kreiensen). **Foto: W. Matussek, Archiv Ritz**

Das Ende der Baureihen 220 und 221 bei der DB

Die meisten von Unfällen betroffenen Fahrzeuge konnten trotz zum Teil sehr großer Beschädigungen nach der Instandsetzung wieder dem Betriebsdienst zugeführt werden. Mit dem F-Zug GAMBRINUS entgleiste die V 200 068 am 16. Juli 1964 im Bahnhof von Kirchweyhe. Hierbei drückten die auflaufenden Wagen den hinteren Führerstand der Lok total ein.

Bei einem anderen sehr schweren Unfall im August 1964 bei Arnheim an der niederländischen Grenze wurde rund ein Drittel der V 200 078 zertrümmert, dennoch hatte man die Maschine wieder repariert und eingesetzt. Auch einen zweiten Unfall im Juli 1973 mit weniger großen Frontschäden "überlebte" die Lok. Besonders unfallträchtig war der Monat Mai des Jahres 1974. Zwischen Villingen und Schwenningen stieß am 9. Mai die allein fahrende Maschine 221 148 mit einem von der Dampflokomotive 052 839 geführten Güterzug frontal zusammen. Die Diesellok mußte nach dem Unfall ausgemustert werden.

Am 25. Mai gerieten die 220 030 und die 221 117 im Bahnhof Güsten zwischen Lübeck und Büchen bei einer Flankenfahrt aneinander. Beide Maschinen blieben nach der Ausbesserung noch weiter im Einsatzbestand. Einen Tag später fuhr die 220 008 mit einem Reisezug auf die im Hamburger Hauptbahnhof stehende 220 013 auf. Letztere kam zur Instandsetzung in das Ausbesserungswerk; die 220 008 mußte jedoch den Weg zum Schrottplatz antreten, die Deformierung des Rahmens ließ keine andere Wahl.

Erstes "Unfallopfer" beider Baureihen war die 220 086 aus dem Bw Villingen. Kurz vor Mitternacht hatte sich am 21. Mai 1973 im Bahnhof Sommerau der Schwarzwaldbahn eine Garnitur von 16 Schotterwagen selbständig gemacht und war über das Hauptgleis talwärts gerollt. Bei St. Georgen prallte die Wagengruppe auf den Eilzug nach Dort-

Bild 108: 221er-Rendezvous im Rangierbahnhof Lübeck am 17. August 1974: vorn die 221 133, dahinter eine unbekannte Schwesterlokomotive. Foto: J. Nelkenbrecher

Bild 109: Viele Eisenbahnfreunde sind nach Lübeck "gepilgert", um im fotogenen Lübecker Hauptbahnhof V 200-Aufnahmen zu "schießen". Gleich zwei Maschinen der Baureihe 220 haben hier am 18. September 1974 kurz vor 17 Uhr Ausfahrt aus Lübeck Hbf erhalten: rechts die 220 024 mit einem Eilzug nach Hamburg und links eine 220 auf Lz-Fahrt. Foto: J. Nelkenbrecher

Bestandsentwicklung der Baureihe V 200/220

am Jahresende in	1959	1972	1973	1974	1975	1976	1977	1978	1979	1980	1981	1982	1983
Frankfurt-Griesheim	15	-	-	-	-	-	-	-	-	-	-	-	-
Hamburg-Altona	16	-	-	-	-	-	-	-	-	-	-	-	-
Hmm P	30	-	-	-	-	-	-	-	-	-	-	-	-
Kaiserslautern	-	8	-	-	-	-	-	-	-	-	-	-	-
Villingen	22	18	17	15	-	-	-	-	-	-	-	-	-
Würzburg	-	15	15	15	-	-	-	-	-	-	-	-	-
Hannover	-	18	22	22	-	-	-	-	-	-	-	-	-
Braunschweig	-	-	-	-	22	-	-	-	-	-	-	-	-
Oldenburg	-	-	-	-	26	48	47	44	35	16	14	11	-
Lübeck	-	27	31	33	36	35	34	27	27	32	29	24	25
Summe	86	86	85	85	84	83	81	71	62	48	43	35	25

Bestandsentwicklung der Baureihe V 200¹/221

am Jahresende in	1967	1970	1973	1974	1975	1976	1977	1978	1979	1980	1982	1986	1987
Kempten	16	16	14	12	-	-	-	-	-	-	-	-	-
Lübeck	21	21	21	21	22	22	22	8	8	-	-	-	-
Villingen	13	13	15	16	27	20	-	-	-	-	-	-	-
Oldenburg	-	-	-	-	-	7	22	28	28	-	-	-	-
Gelsenkirchen-Bism.	-	-	-	-	-	-	5	13	13	48	-	-	-
Oberhausen 1	-	-	-	-	-	-	-	-	-	-	48	48	21
Summe	50	50	50	49	49	49	49	49	49	48	48	48	21

mund, der mit der 220 086 bespannt war und glücklicherweise noch rechtzeitig angehalten werden konnte. Der Aufprall der Wagen war so heftig, daß die Lok fast zur Hälfte eingedrückt wurde. Da eine Ausbesserung nicht mehr möglich war, wurde die Maschine wenig später z-gestellt und am 12. Oktober 1973 ausgemustert.

Nach Unfällen mußten auch die 221 150 aus dem Bw Oldenburg am 21. Oktober

1980 und die in Oberhausen 1 beheimatete 221 108 am 28. Oktober 1987 aus dem Bestand gestrichen werden. Darüber hinaus gab es noch weitere Unfälle, die meist glimpflicher abliefen.

Wie die Übersicht zur Bestandsentwicklung auf Seite 56 zeigt, war schon im Jahre 1978 eine erste größere Ausmusterungswelle bei der Baureihe 220 zu verzeichnen, die sich bis zum Ende des Jahres 1980 fortsetzte.

Ursachen dafür waren vermehrt auftretende Verschleißerscheinungen an Motoren und Getrieben sowie Fristabläufe zahlreicher Maschinen.

Obwohl die Kosten für die Wartung und Instandhaltung von Diesellokomotiven mit zwei Maschinenanlagen mit zusammen 24 Zylindern über dem Aufwand für die neuen einmotorigen Fahrzeuge der Baureihe 218 lagen, wurde 1980 für eine größere Anzahl

von Maschinen der Reihe 220 eine Fristverlängerung beantragt und erwirkt. Davon betroffen waren die

220 011, 012, 016, 017, 022, 023, 043, 045, 058, 060, 063, 074 und 084,

die dadurch aber auch nur noch eine kurze "Galgenfrist" erhielten.

Trotz des Bemühens der Deutschen Bundesbahn, Käufer für überzählige und abgestellte Maschinen zu finden, mußten viele

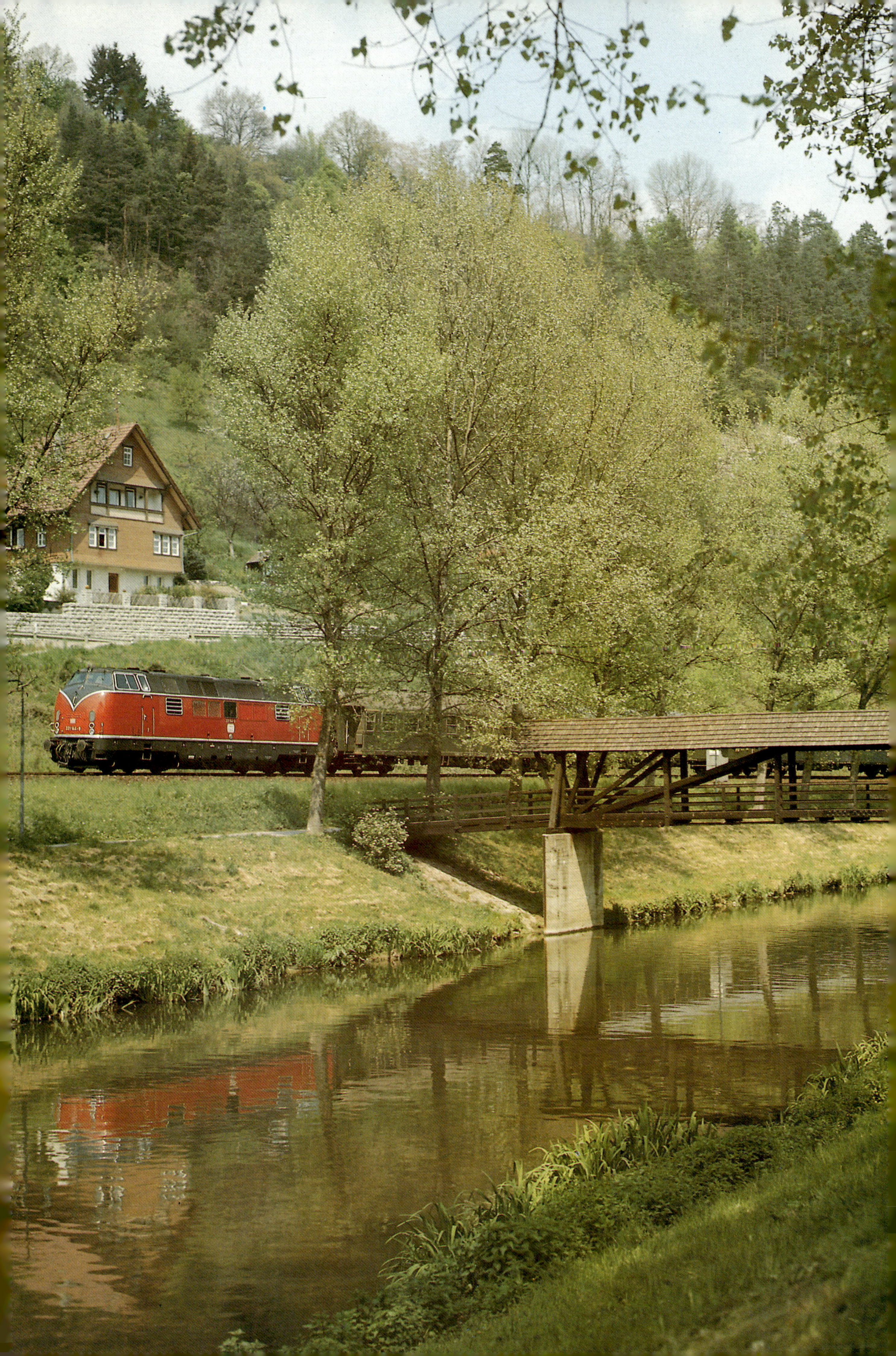

Bild 111: 220 054 mit einem Schnellzug von Stuttgart nach Italien im Mai 1974 beim Hohensteintunnel unweit von Talhausen (nördlich von Rottweil). **Foto: J. Nelkenbrecher**

Bild 110: Die Lokomotiven der Baureihe V 200 haben nicht nur auf der Schwarzwaldbahn lange Jahre die Hauptlast des Verkehrs getragen, sondern waren auch auf der Gäubahn von Stuttgart über Horb und Rottweil nach Singen bis zur Elektrifizierung der Strecke aus dem Eil- und Schnellzugdienst nicht wegzudenken. Diese Aufnahme vom Mai 1973 zeigt die 221 144 mit einem Schnellzug nach Italien bei Oberndorf (Neckar). **Foto: J. Nelkenbrecher**

Bild 112: Die 221 127 hat am 19. Mai 1973 mit einem Vier-Wagen-Schnellzug aus Stuttgart Rottweil erreicht. **Foto: J. Nelkenbrecher**

Bild 113: Zugkreuzung im Bahnhof Plön (Strecke Lübeck – Kiel) am 27. August 1980: Die 220 051 ist mit dem E 2873 in Richtung Lübeck unterwegs, der Dieseltriebzug der Baureihe 612 oder 613 befindet sich als E 3164 auf der Fahrt nach Kiel. **Foto: A. Ritz**

Bild 114 (rechte Seite): 220 039 mit Eilzug Kiel – Lübeck bei Bad Schwartau (23. März 1980). **Foto: W. Matussek, Archiv Ritz**

Bild 115 (Seite 62): Diese Aufnahme mit der 220 054 dürfte in der ersten Hälfte der siebziger Jahre bei Gaildorf West (Strecke Stuttgart – Backnang – Crailsheim) entstanden sein. **Foto: J. Nelkenbrecher**

Bild 116 (Seite 63): Der Eilzugdienst im Weserbergland war in den siebziger Jahren eine Domäne der Baureihe 220: 220 076 im April 1976 bei Hembsen (Strecke Ottbergen – Altenbeken). **Foto: W. Matussek, Archiv Ritz**

Lokomotiven den Weg zum Schrottplatz antreten. Bereits im November 1981 befanden sich zehn Fahrzeuge in Ehrang und Erdorf zur Zerlegung im AW Trier. Nach dem Ende des Einsatzes der Baureihe 220 in Lübeck fuhr am 5. August 1984 ein Lokzug mit den Maschinen

220 013, 015, 018, 025, 029, 031, 039 und 068

in das AW Nürnberg. Danach hatten die Schrottfirmen Hochkonjunktur.

Sowohl der Verkauf von Lokomotiven als auch die Verwertung von Bauteilen wurden in größerem Umfang über die Firma Layritz in Penzberg abgewickelt. Im Mai 1985 befanden sich dort die Maschinen

220 010, 020, 025, 026, 036, 043, 050, 055, 061, 062, 063 und 065.

Nur die 220 065 entging dem Schneidbrenner durch den Verkauf nach Italien. In einer Halle stapelten sich nach dem Ausbau von Motoren und Drehgestellen die Lokomotivkörper in zwei Lagen von fünf und drei Exemplaren übereinander. Im Juli 1985 gingen die Lokomotiven

220 012, 018, 023, 048, 058, 060 und 037

vom AW Nürnberg zu einem Schrotthändler in Luitpoldhütte bei Amberg und die

220 013, 014, 015, 030 und 037

zu einer Schrottverwertung nach Schwandorf. Abgewrackt wurde auch im AW Nürnberg und an anderen Plätzen.

Die Angaben zu z-Stellungen und Ausmusterungen basieren auf den amtlichen Listen der Deutschen Bundesbahn. Selbst in diesen Unterlagen waren Widersprüche zu entdecken, wie auch in den Daten verschiedener Fachpublikationen. Mitunter wurde das Datum der Verfügung mit dem Tag der vollzogenen Ausmusterung verwechselt. Dasselbe gilt auch für die Angaben der z-Stellung. Einige der bereits z-gestellten Fahrzeuge kamen auch für kurze Zeit noch einmal in den Einsatzbestand zurück. Die entsprechenden Inbetriebnahme- und Ausmusterungsdaten sind den Tabellen auf Seite 65 und 66 zu entnehmen.

Außer der V 200 001, die von den Bamberger Eisenbahnfreunden erworben wurde, übernahm die Deutsche Bundesbahn die Lokomotiven V 200 002, 007 und V 200 116 in ihren Museumsbestand, um sie bei Sonderfahrten einzusetzen. Im Besitz der Hammer Eisenbahnfreunde befindet sich die V 200 033, und in die Obhut des Unterfränkischen Verkehrsmuseums in Gemünden kam die V 200 009. In die Sammlung des Museums für Verkehr und Technik in Berlin wurde die V 200 018 aufgenommen.

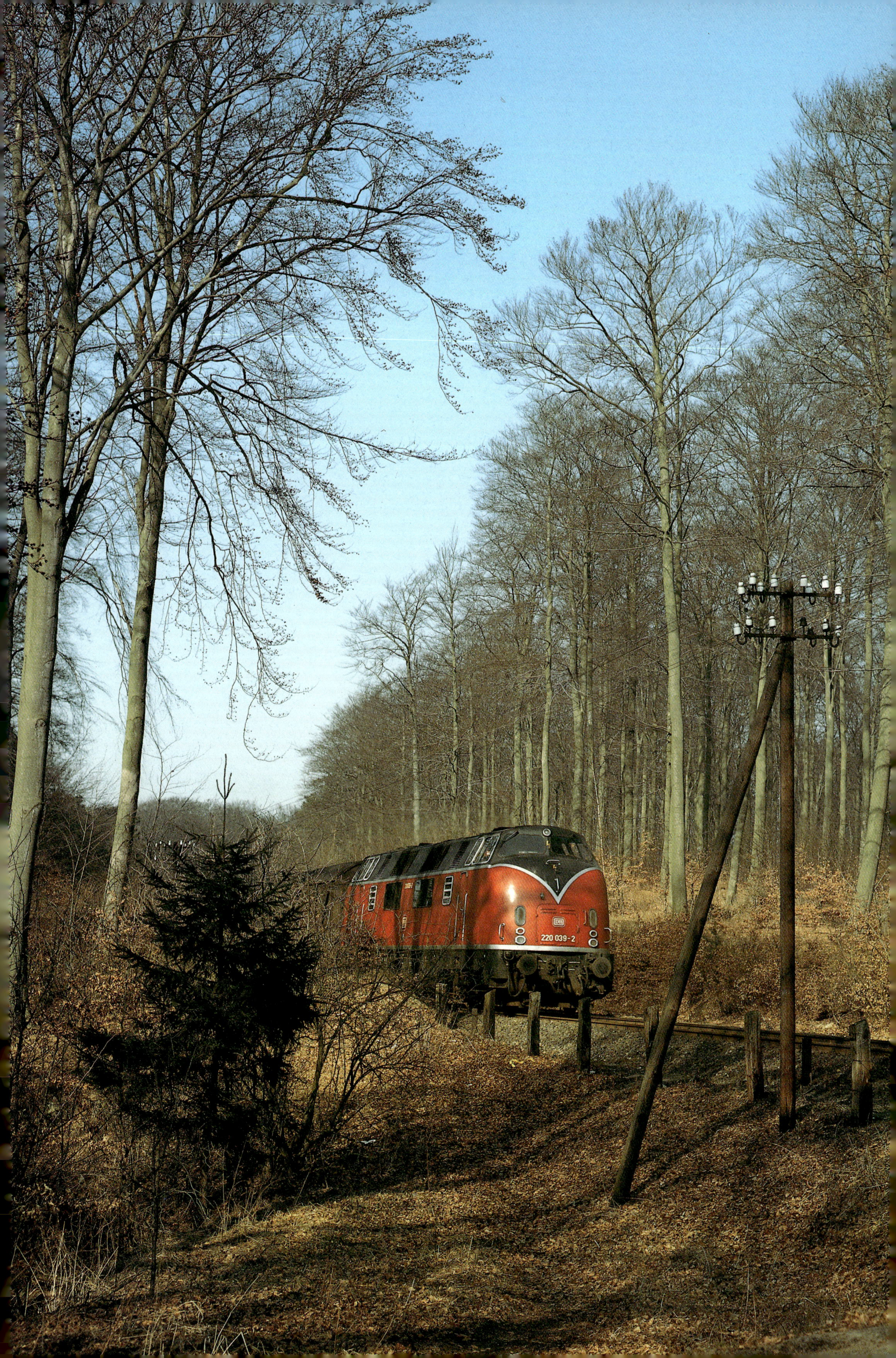
220 039-2

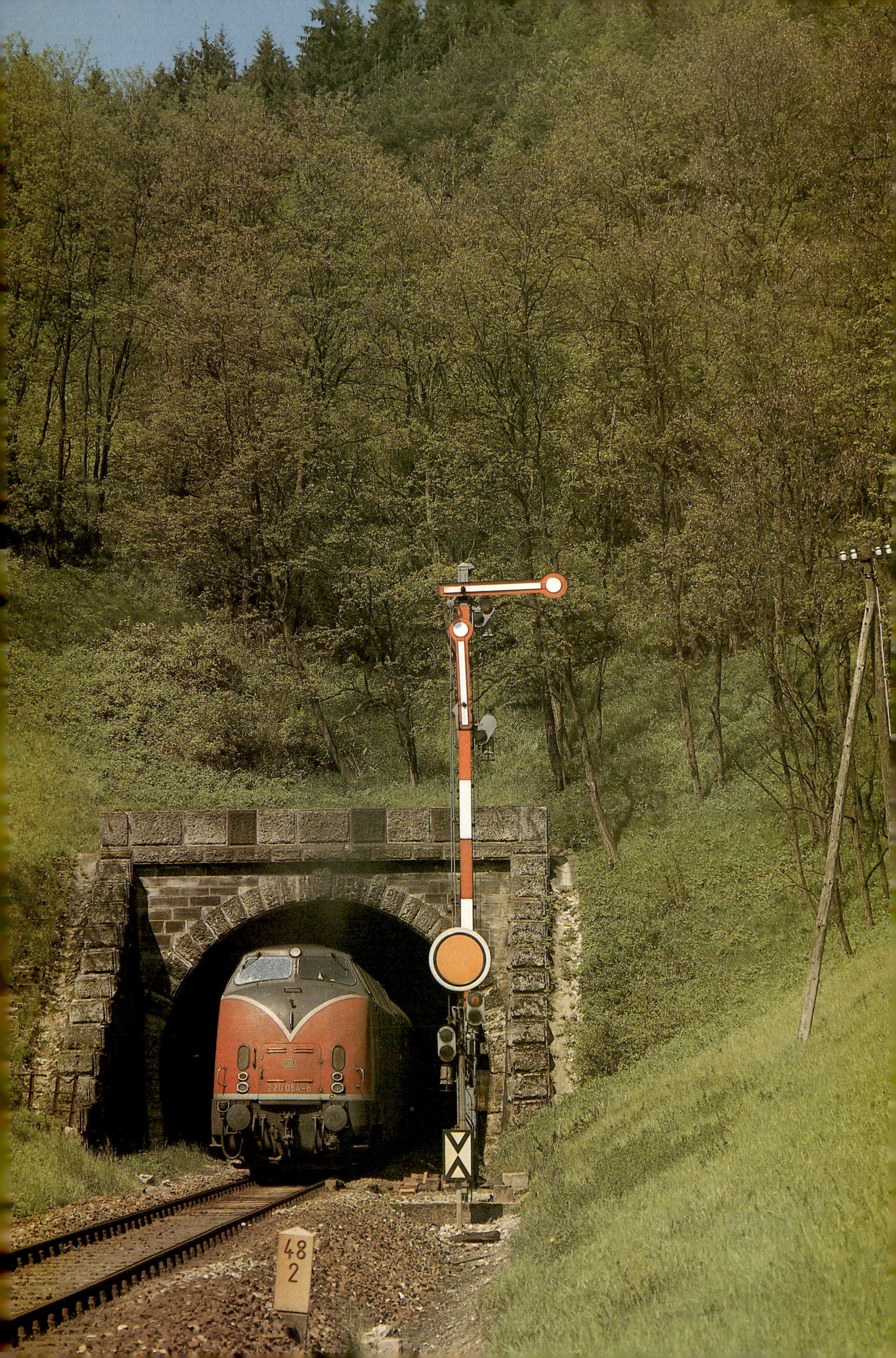
220 084-6
48
2

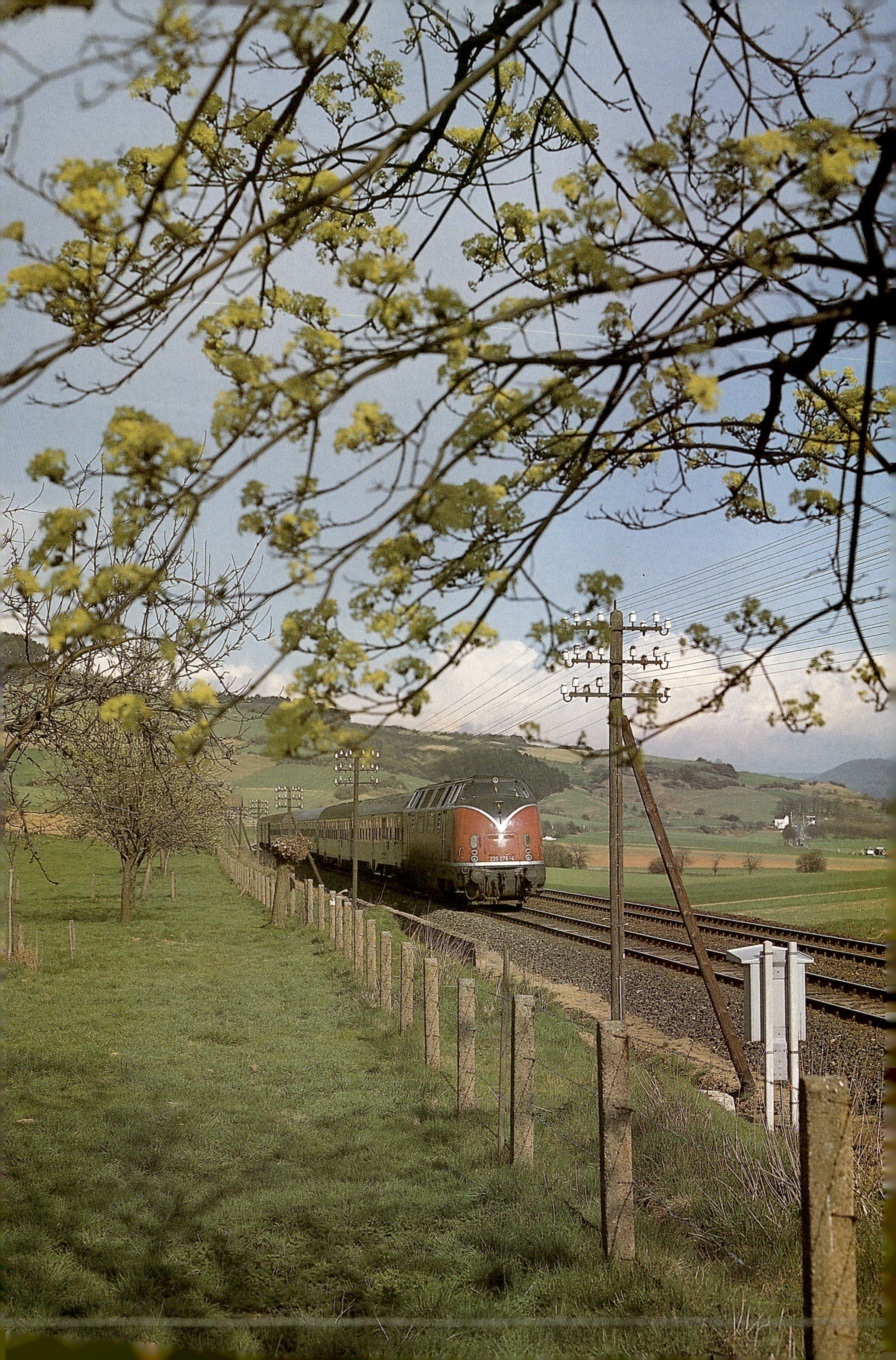

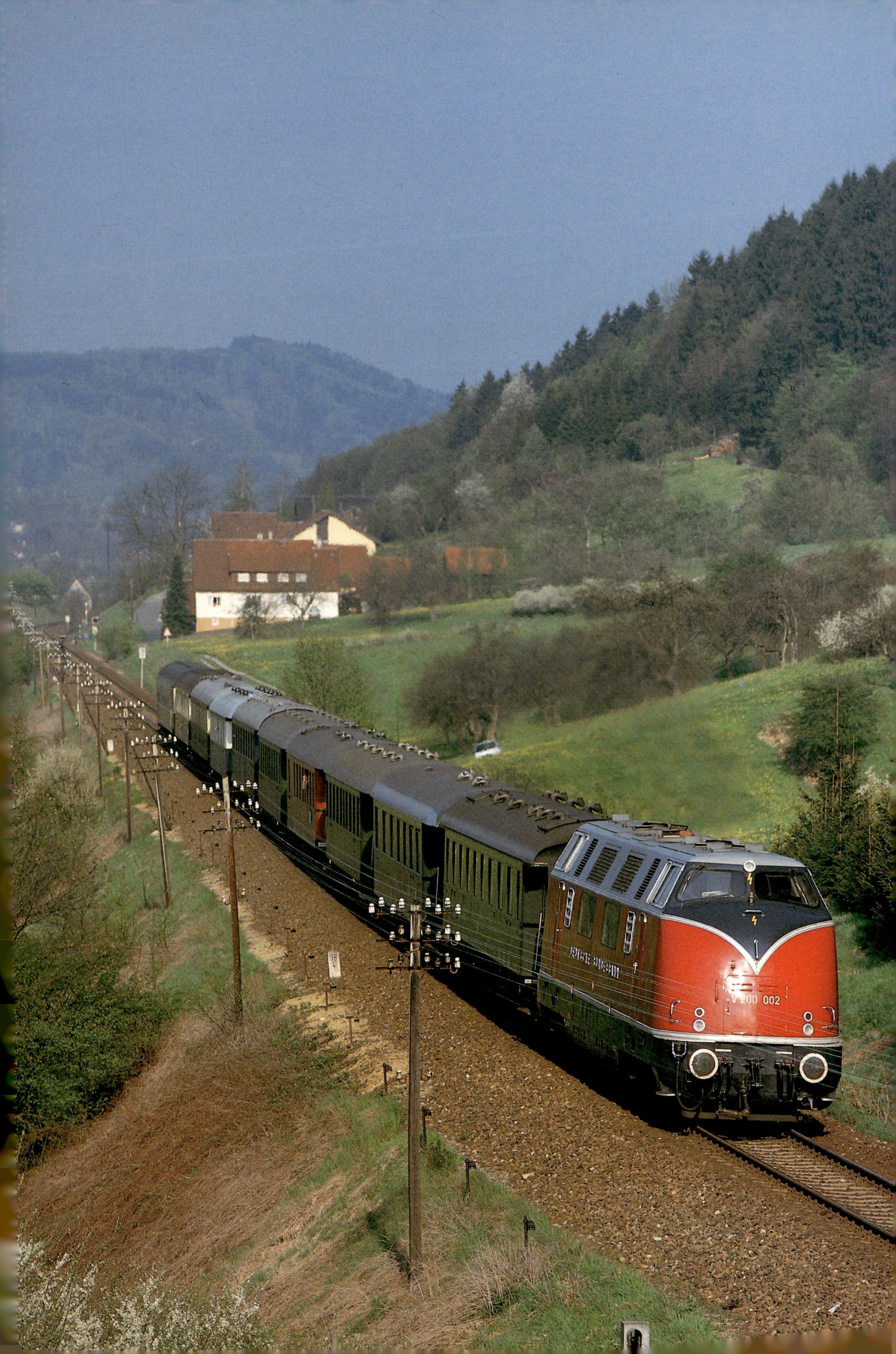
V 200 002

Inbetriebnahme und Ausmusterung der Baureihe 220

	Bau-jahr	Fabrik-Nr.	Her-steller	Ausmusterung	Bemerkungen
220 001	1953	17 900	KM	21.10.1980	→ Fränkische Museumseisenbahn
002	1953	17 901	KM	11.11.1978	→ Museum DB
003	1953	17 902	KM	11.11.1978	→ verschrottet AW Nürnberg
004	1953	17 903	KM	25.06.1980	→ verschrottet AW Trier
005	1953	17 904	KM	24.08.1980	→ verschrottet AW Trier
006	1956	2000 006	MaK	11.11.1978	→ Heitkamp 6 → 82 FSF 220 006
007	1956	2000 007	MaK	31.12.1984	→ Museum DB
008	1957	2000 008	MaK	22.02.1975	→ verschrottet AW Nürnberg
009	1957	2000 009	MaK	31.07.1984	→ Museum Gemünden
010	1957	2000 010	MaK	30.04.1984	→ Layritz → verschrottet
011	1957	2000 011	MaK	11.06.1981	→ FSF 220 011
012	1957	2000 012	MaK	30.11.1983	→ Zink → RAG
013	1957	2000 013	MaK	31.10.1984	→ SBB Am 4/4 18 461
014	1957	2000 014	MaK	31.12.1984	→ SBB Am 4/4 18 462
015	1957	2000 015	MaK	31.10.1984	→ SBB Am 4/4 18 463
016	1957	2000 016	MaK	30.12.1982	→ SBB Am 4/4 18 464
017	1957	2000 017	MaK	31.03.1983	→ SBB Am 4/4 18 465
018	1957	2000 018	MaK	31.12.1984	→ Zink → RAG → MVT Berlin
019	1957	2000 019	MaK	11.06.1981	→ verschrottet AW Nürnberg
020	1957	2000 020	MaK	30.12.1982	→ Layritz → verschrottet
021	1957	2000 021	MaK	12.08.1977	→ Heitkamp 1 → 1979 Archirodon, Griechenland
022	1957	2000 022	MaK	30.12.1982	→ Layritz → verschrottet
023	1957	2000 023	MaK	30.11.1983	→ Zink → RAG
024	1957	2000 024	MaK	01.04.1978	→ Heitkamp 3 → 1979 Archirodon, Griechenland
025	1957	2000 025	MaK	31.10.1984	→ Layritz → verschrottet
026	1956	18 270	KM	30.11.1983	→ Layritz → verschrottet
027	1956	18 271	KM	30.12.1982	→ verschrottet AW Nürnberg
028	1956	18 272	KM	29.10.1981	→ Cosfer/I → Monacelli T 5662
029	1956	18 273	KM	31.10.1984	→ WBB → Veltri, Campoleone/I
030	1956	18 274	KM	30.04.1984	→ Glaser → Dehe-Montcocol, Montmirail/F, V 2204
031	1956	18 275	KM	31.10.1984	→ Cosfer/I T 5697
032	1956	18 276	KM	25.07.1979	
033	1956	18 277	KM	31.07.1984	→ Hammer Eisenbahnfreunde
034	1956	18 278	KM	25.07.1979	→ verschrottet AW Nürnberg
035	1956	18 279	KM	24.09.1978	→ Heitkamp 7
036	1956	18 280	KM	30.04.1984	→ Layritz → verschrottet
037	1956	18 281	KM	30.04.1984	→ Glaser → Dehe-Montcocol, Montmirail/F, V 2203
038	1956	18 282	KM	21.10.1980	→ verschrottet AW Bremen
039	1956	18 283	KM	31.10.1984	→ Cosfer/I → 1988 COMSA Spanien
040	1956	18 284	KM	30.11.1983	→ verschrottet Bw Lübeck
041	1956	18 285	KM	31.12.1984	→ Cosfer/I
042	1956	18 286	KM	23.10.1976	→ verschrottet AW Nürnberg
043	1956	18 287	KM	30.11.1983	→ Layritz → verschrottet
044	1956	18 288	KM	21.10.1980	→ verschrottet AW Trier
045	1956	18 289	KM	29.09.1982	→ FP 220 045
046	1956	18 290	KM	01.04.1978	→ Heitkamp 4 → 1979 Archirodon, Griechenland
047	1956	18 291	KM	21.03.1981	→ verschrottet AW Nürnberg
048	1956	18 292	KM	30.04.1984	→ Zink → RAG → Algerien (SNTF)
049	1956	18 293	KM	30.11.1978	→ FSF 220 049
050	1956	18 294	KM	29.07.1982	→ Layritz → verschrottet
051	1957	18 295	KM	30.04.1984	→ Jelka/Liechtenstein → Rovato/I
052	1957	18 296	KM	27.05.1979	→ verschrottet AW Nürnberg
053	1957	18 297	KM	27.01.1983	→ SBB, Am 4/4 18 466
054	1957	18 298	KM	23.10.1977	→ Heitkamp 2 → 1978 verschrottet (Unfall)
055	1957	18 299	KM	30.12.1982	→ Layritz → verschrottet
056	1959	18 565	KM	21.12.1979	→ verschrottet AW Trier
057	1959	18 566	KM	30.03.1978	→ verschrottet AW Nürnberg
058	1959	18 567	KM	30.04.1984	→ Zink → RAG
059	1959	18 568	KM	22.08.1979	→ verschrottet AW Nürnberg
060	1959	18 569	KM	30.11.1983	→ Zink → Valditerra, Novi Ligure/I
061	1959	18 570	KM	31.03.1983	→ Layritz → verschrottet
062	1959	18 571	KM	31.10.1984	→ Layritz → verschrottet
063	1959	18 572	KM	30.04.1984	→ Layritz → verschrottet
064	1959	18 573	KM	26.03.1980	→ verschrottet AW Trier
065	1959	18 574	KM	31.12.1984	→ Layritz → IPE
066	1959	18 575	KM	11.11.1978	→ verschrottet Deumu
067	1959	18 576	KM	18.03.1979	→ verschrottet Deumu
068	1959	18 577	KM	31.10.1984	→ Glaser → Dehe-Montcocol, Montmirail/F, V 2201
069	1959	18 578	KM	01.04.1978	→ Heitkamp 5 → Archirodon, Griechenland
070	1959	18 579	KM	21.10.1980	→ verschrottet AW Trier
071	1959	18 580	KM	30.04.1984	→ Zink → RAG
072	1959	18 581	KM	22.08.1979	→ verschrottet AW Trier
073	1959	18 582	KM	18.03.1979	→ verschrottet AW Trier
074	1959	18 583	KM	30.12.1982	→ FP 220 074
075	1959	18 584	KM	31.10.1984	→ Glaser → Dehe-Montcocol, Montmirail/F, V 2202
076	1959	18 585	KM	31.03.1983	→ verschrottet Deumu (→ Reggio Emilia?)
077	1959	18 586	KM	21.12.1980	→ SBB Am 4/4 18 467
078	1959	18 587	KM	24.08.1980	→ verschrottet AW Trier
079	1959	18 588	KM	21.12.1980	→ Layritz → verschrottet
080	1959	18 589	KM	21.05.1980	→ verschrottet AW Trier
081	1959	18 590	KM	24.08.1980	
082	1959	18 591	KM	21.10.1980	→ verschrottet AW Trier
083	1959	18 592	KM	21.12.1980	→ verschrottet Deumu (→ Reggio Emilia?)
084	1959	18 593	KM	21.03.1981	→ verschrottet Deumu (→ Reggio Emilia?)
085	1959	18 594	KM	25.07.1979	
086	1959	18 595	KM	12.10.1973	→ verschrottet AW Nürnberg

Bild 118: Ein Blick in die Halle des Lok- und Schrotthändlers Layritz im oberbayerischen Penzberg am 30. September 1987. Aufgrund von Platzmangel hat man kurzerhand die noch zu verschrottenden V 200-Lokkästen übereinander gestapelt und zusätzlich eine Lage aus vier Schienenbussen "draufgesattelt". **Foto: B. Rampp**

Bild 117 (vorherige Doppelseite): Stellvertretend für alle als Museumslokomotiven erhalten gebliebenen V 200 hier eine Aufnahme der V 200 002, die am 2. Mai 1987 im Rahmen des DB-Nostalgieprogramms kurzfristig die tags zuvor defekt gewordene Schnellzug-Dampflokomotive 01 1100 ersetzen mußte (Sonderzug Stuttgart – Nürnberg auf der Murrbahn bei Fornsbach). **Foto: St. Czernecki**

Bild 119 (rechts): Diese stimmungsvolle Herbstaufnahme vom 28. Oktober 1972 mit der 220 013 bei Behringersdorf (Strecke Nürnberg – Marktredwitz) soll das Kapitel über den Betriebseinsatz der V 200 abschließen. **Foto: J. Nelkenbrecher**

Inbetriebnahme und Ausmusterung der Baureihe 221

	Baujahr	Fabrik-Nr.	Hersteller	Ausmusterung	Bemerkungen
221 101	1962	18 993	KM	26.09.1987	→ Layritz (vorhanden)
102	1962	18 994	KM	30.06.1988	→ Layritz (vorhanden)
103	1963	18 995	KM	26.09.1987	→ Layritz (vorhanden)
104	1963	18 996	KM	30.07.1987	→ Layritz (vorhanden)/Museum DB (?)
105	1963	18 997	KM	20.08.1987	→ Griechenland OSE 411
106	1963	18 998	KM	26.09.1987	→ Griechenland OSE 412
107	1963	18 999	KM	30.06.1988	→ Griechenland OSE 424
108	1963	19 000	KM	17.12.1987	→ Bulfone (unfallbeschädigt)
109	1963	19 001	KM	26.09.1987	→ RAG → Albanien HSH 2005
110	1963	19 002	KM	30.06.1988	→ Layritz (vorhanden)
111	1963	19 003	KM	17.12.1987	→ Layritz (vorhanden)
112	1963	19 004	KM	30.06.1988	→ Griechenland OSE 421
113	1963	19 005	KM	30.06.1988	→ Layritz (vorhanden)
114	1963	19 006	KM	26.09.1987	→ Layritz (vorhanden)
115	1963	19 007	KM	30.06.1988	→ Layritz (vorhanden)
116	1963	19 008	KM	30.06.1988	→ Museum DB
117	1963	19 009	KM	30.07.1987	→ Griechenland OSE 415
118	1963	19 010	KM	26.09.1987	→ RAG → Albanien HSH 2001
119	1963	19 011	KM	30.06.1988	→ Griechenland OSE 422
120	1963	19 012	KM	30.07.1987	→ Layritz (vorhanden)
121	1964	19 241	KM	26.09.1988	→ Griechenland OSE 427
122	1964	19 242	KM	26.09.1987	→ Griechenland OSE 420
123	1964	19 243	KM	17.12.1987	→ Layritz (vorhanden)
124	1964	19 244	KM	30.07.1987	→ Griechenland OSE 419
125	1965	19 245	KM	17.12.1987	→ RAG → Albanien HSH 2003
126	1965	19 246	KM	17.12.1987	→ Griechenland OSE 425
127	1965	19 247	KM	30.06.1988	→ Griechenland OSE 426
128	1965	19 248	KM	17.12.1987	→ Layritz (vorhanden)
129	1965	19 249	KM	17.12.1987	→ Griechenland OSE 414
130	1965	19 250	KM	17.12.1987	→ Layritz (unfallbesch., vorhanden)
131	1965	19 251	KM	17.12.1987	→ RAG → Albanien HSH 2004
132	1965	19 252	KM	30.06.1988	→ Layritz (vorhanden)
133	1965	19 253	KM	17.12.1987	→ Griechenland OSE 413
134	1965	19 254	KM	17.12.1987	→ Griechenland OSE 418
135	1965	19 255	KM	30.06.1988	→ Layritz (vorhanden)
136	1965	19 256	KM	30.06.1988	→ Griechenland OSE 417
137	1965	19 257	KM	30.06.1988	→ Griechenland OSE 430
138	1965	19 258	KM	30.06.1988	→ Griechenland OSE 428
139	1965	19 259	KM	17.12.1987	→ Layritz (vorhanden)
140	1965	19 260	KM	30.06.1988	→ RAG → Albanien HSH 2002
141	1965	19 261	KM	30.06.1988	→ Layritz (vorhanden)
142	1965	19 262	KM	30.06.1988	→ Layritz (vorhanden)
143	1965	19 263	KM	30.06.1988	→ Layritz (vorhanden)
144	1965	19 264	KM	30.06.1988	→ Layritz (vorhanden)
145	1965	19 265	KM	30.06.1988	→ Griechenland OSE 423
146	1965	19 266	KM	30.06.1988	→ Griechenland OSE 429
147	1965	19 267	KM	30.06.1988	→ Griechenland OSE 416
148	1965	19 268	KM	12.09.1974	→ nach Unfall ausgeschieden
149	1965	19 269	KM	30.06.1988	→ Layritz (vorhanden)
150	1965	19 270	KM	21.10.1980	→ nach Unfall ausgeschieden

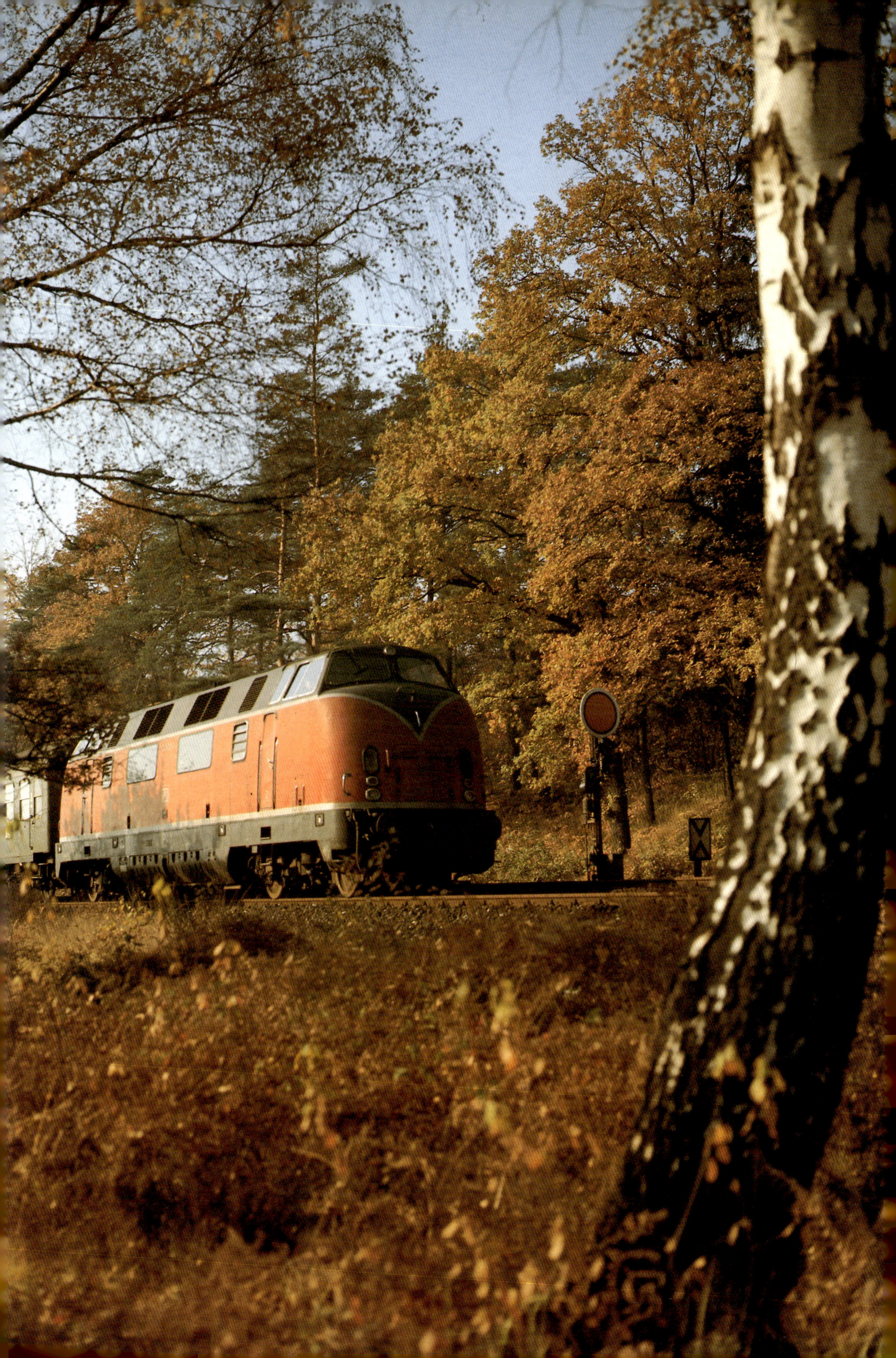

Bild 120: Bei der Rückkehr von ihrem Ausflug in den Orient machte die V 200 005 vom 8. bis 11. Mai 1955 einen Abstecher nach Griechenland. Die Aufnahme entstand in dem kleinen griechischen Bahnhof Oinoe, rund 70 km von Athen entfernt. **Foto: Archiv Krauss-Maffei**

Die V 200 der DB im Ausland

Vorführfahrten in der Türkei und auf dem Balkan

Wie bereits eingangs erwähnt, wurde der V 200 bei der ersten Präsentation während der Deutschen Verkehrsausstellung 1953 in München auch großes Interesse ausländischer Bahnverwaltungen zuteil. Dies bewog die Deutsche Bundesbahn und die Firma Krauss-Maffei, die Lok V 200 005 auf eine Vorführ- und Erprobungsreise in die Türkei zu schicken. In der Zeit vom 28. April bis einschließlich dem 3. Mai 1955 stellte die Maschine auf schwierigen Strecken ihre Leistungsfähigkeit vor Personen- und Güterzügen mit einer Laufleistung von fast 3000 km unter Beweis.

Auf der Rückreise folgten vom 8. bis 11. Mai

Bild 122: Am 23. April 1955 startete die V 200 005 (übrigens provisorisch mit einem dritten Spitzenlicht ausgestattet) im Bahnhof München-Allach zu Vorführfahrten in die Türkei. Gleich hinter der Lok ein zu einem Meßwagen umgebauter ehemaliger preußischer Salonwagen. **Werkfoto Krauss-Maffei**

Bild 121 (linke Seite unten): V 200 005 im Mai 1955 auf der Fahrt mit dem Taurus-Express (10 Wagen mit 40 Achsen, 483 t) durch das Taurus-Gebirge in der Türkei nach Adana. **Foto: Archiv Krauss-Maffei**

Bild 123: Die Reiseroute der Vorführfahrten mit der V 200 005 Ende April/Anfang Mai 1955 in der Türkei und in Griechenland. **Karte: Krauss-Maffei**

verschiedene Testfahrten in Griechenland und vom 12. bis 15. Mai in Jugoslawien. Nach einer Fahrtstrecke von insgesamt 10 000 km traf die Lok am 16. Mai wieder in München ein, um am nächsten Tag wieder den Plandienst im Bw Frankfurt/M-Griesheim aufzunehmen. Bestellungen aus den bereisten Ländern blieben jedoch aus, wenn man von drei Maschinen der Reihe ML 2200 absieht, die Krauss-Maffei nach Jugoslawien lieferte und auf die später noch näher eingegangen wird. Auch die drei TCDD-Loks ML 2700 C'C' waren ein Ergebnis der Türkei-Fahrt, auch wenn sie erst 1961 geliefert wurden.

Bild 124: V 200 005 mit Güterzug auf der Fahrt von Adana nach Ankara (30. April/1. Mai 1955). **Foto: Archiv Krauss-Maffei**

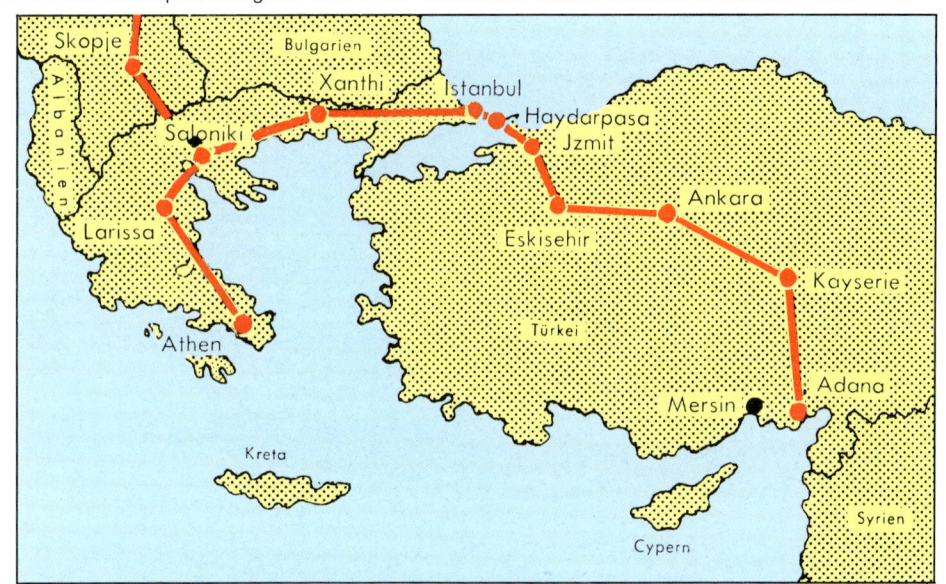

Bild 125: Von Ende Mai 1981 bis Oktober 1981 waren neun DB-Lokomotiven der Baureihe 220 an die Dänischen Staatsbahnen vermietet worden. 220 022 und 220 031 am 12. Juni 1981 mit dem IC 147 von Nyborg nach Århus in Nyborg Hafen. **Foto: A. Bergh**

Bild 126: Deutsch-dänisches Loktreffen in Padborg am 26. Juni 1981: MY 1107 der DSB sowie 220 022 und 220 031 der DB (vermietet an DSB). **Foto: J. Lundstrøm**

Zur Aushilfe in Dänemark

Ein zweiter Auslandseinsatz von DB-Lokomotiven der Baureihe V 200, von dem die Fahrzeuge wieder zurückkehrten, erfolgte 1981 in Dänemark. Die Firma Henschel in Kassel war mit der Lieferung von dieselhydraulischen Lokomotiven an die DSB in Verzug geraten. Um den dadurch entstandenen Engpaß bei den Dänischen Staatsbahnen zu beheben, kam es zur Anmietung von Lokomotiven der Baureihe V 200. Die Kosten dafür trug die Firma Henschel im Rahmen einer vereinbarten Verpflichtung. Insgesamt neun Lokomotiven, die 220 013, 014, 022, 031, 037, 051, 053 und die 076 aus Lübeck und Oldenburg gingen am 24. Mai 1981 in einem Lokzug über Flensburg in das dänische Bw Padborg. Im Oktober 1981 kehrten die Maschinen nach Oldenburg zurück, die 220 051 mußte jedoch dem AW Nürnberg zur Instandsetzung zugeführt werden.

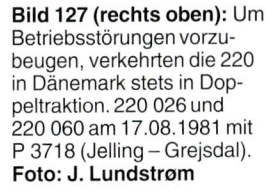

Bild 127 (rechts oben): Um Betriebsstörungen vorzubeugen, verkehrten die 220 in Dänemark stets in Doppeltraktion. 220 026 und 220 060 am 17.08.1981 mit P 3718 (Jelling – Grejsdal).
Foto: J. Lundstrøm

Bild 128: Vom 10. bis 13. September 1984 fanden mit der 221 149 in der Schweiz Versuchsfahrten mit Güterzügen auf der BLS-Nordrampe statt. Die BLS wollte herausfinden, ob eine Anmietung von DB-Loks der Baureihe 221 in Frage kommt, sollte während anstehender Umbauarbeiten an der BLS-Stromversorgung auf der Lötschbergbahn vorübergehend nicht genügend Strom für den elektrischen Betrieb zur Verfügung stehen (aufgenommen bei Frutigen).
Foto: BLS

Verkäufe ins Ausland

Durch einen ungewöhnlichen Umstand kam es bereits im Jahre 1977 zum Verkauf der ersten Lokomotiven der Reihe 220 ins Ausland. Zu Beginn der achtziger Jahre konnten einige weitere Verkäufe getätigt werden, allerdings lief das Geschäft noch etwas schleppend an. Auf jede verkaufte Lok einzeln einzugehen, würde den Rahmen dieser Dokumentation sprengen. Einige Transaktionen sollen aber etwas näher beleuchtet werden.

Mit Heitkamp nach Saudi-Arabien

Im Mai 1977 hatte die Baufirma Heitkamp den Auftrag zur Erneuerung von 105 km Gleisstrecke der 565 km langen Eisenbahnlinie vom Persischen Golf bis zur saudiarabischen Hauptstadt Riad erhalten. Um die Arbeiten in der auf ein Jahr befristeten Bauzeit bewältigen zu können, entwickelte Heitkamp eine besondere Strategie, zu der auch der Ankauf von Diesellokomotiven der DB für den Einsatz auf der Großbaustelle in der Wüste zählte.

Als Heitkamp 1 (220 021) und 2 (220 054) gingen die ersten beiden Maschinen im August 1977 auf dem Seeweg in den Nahen Osten. Sehr bald zeigte sich, daß man mit zwei Lokomotiven nicht auskam. Heitkamp erwarb deshalb im Januar 1978 die Fahrzeuge 220 024, 046 und 069, die in dieser Reihenfolge in Heitkamp Nr. 3, 4 und 5 umgezeichnet wurden. Anfang April trafen die Lokomotiven nach einer vierwöchigen Seereise in Saudi-Arabien ein.

Sandstürme machten auch diesen Maschinen viel zu schaffen. Trotz eingebauter Spezialfilter und Schmutzzentrifugen kam es immer wieder zu Kolbenfressern und Motorausfällen, von denen im August 1978 alle fünf Lokomotiven betroffen waren. Mit der 220 006 und 035 erwarb Heitkamp zwei weitere Maschinen, ließ zunächst aber nur die Motoren mit Lastkraftwagen zur Baustelle bringen, die Lokomotiven blieben in Deutschland zurück.

Trotz mehrerer schweren Unfälle, verbunden mit dem Totalverlust der Lok Nr. 2, konnten die Arbeiten 1979 termingerecht abgeschlossen und die Lokomotiven danach an die griechische Baufirma Archirodon mit Sitz in Panama verkauft werden. Die 220 006, die im AW Nürnberg zurückblieb, erhielt wieder Motoren und wurde später nach Italien verkauft.

V 200 in Italien

Soweit dies heute noch nachzuvollziehen ist, war die 220 066 die erste Lok dieser Baureihe, die zu Beginn des Jahres 1979 nach Italien verkauft wurde. Im Sommer 1982 erwarb die italienische Bahngesellschaft FSF Ferrovia Suzzara – Ferrara drei Lokomotiven der Reihe 220, die für das Bahnbetriebswerk Sermide und dort für die Beförderung von Containerzügen bestimmt waren. Bei diesen Maschinen handelte es sich um die Loks Nr.

Bild 130: Verschiffung der Lok Heitkamp 1 (ehemalige 220 021) nach Saudi-Arabien Ende August 1977 im Bremer Überseehafen.
Foto: Heitkamp

220 006, 011 und 049.
Erstere war die ursprünglich von Heitkamp erworbene Lok Nr. 6, die nicht mehr zum Einsatz gelangte und nach dem Einbau von Tauschmotoren in Bamberg hinterstellt und gepflegt wurde. Bei einer großen Sonderfahrt am 25. September 1981 bewies sie noch einmal ihre Leistungsfähigkeit auf der "Schiefen Ebene" von Neuenmarkt-Wirsberg nach Marktschorgast.

Die Lokomotiven wurden im AW Nürnberg für ihren Einsatz in Italien hergerichtet, erhielten eine neue Lackierung in den Farben Ozeanblau/Beige in einem sehr ansprechenden Design, behielten aber ihre DB-Computernummern. Nach der Abnahme durch den Besteller ging die 220 006 im Juli 1982 in ihre neue Heimat. Die beiden anderen Maschinen folgten im Oktober. Zur selben Zeit arbeitete das AW Nürnberg an der 220 028 in der auffallenden Farbgebung Grausilber/Feuerrot, die für eine italienische Gleisbaufirma bestimmt war.

Über verschiedene Handelsunternehmen gelangten im Zeitraum von 1981 bis 1984 noch mehrere andere Lokomotiven der Baureihe 220 nach Italien und von dort zum Teil auch noch in andere Länder. Angaben hierzu sind in der Liefer- und Ausmusterungsliste enthalten.

V 200 in der Schweiz

Bei den Schweizerischen Bundesbahnen bestand im Jahre 1986 ein Bedarf an fahrdrahtunabhängigen Triebfahrzeugen für die Verwendung auf Ausbaustrecken. Die Fir-

Bild 129: Die ehemalige 220 054 als Heitkamp 2 mit Bauzug auf der 565 km langen Eisenbahnlinie vom Persischen Golf zur saudi-arabischen Hauptstadt Riad im Jahre 1978 irgendwo in der Wüste Saudi-Arabiens. **Foto: Heitkamp**

Bild 132 (ganz unten): Die 220 074 gelangte zur italienischen Privatbahn Ferrovie Padane (FP); Deposito Ferrara-Porta Reno am 11. Juni 1986. **Foto: St. Lauscher**

Bild 131: Die 220 049 fand in Italien bei der Privatbahn Ferrovia Suzzara – Ferrara (FSF) einen neuen Arbeitgeber; Aufnahme vom 13. März 1989 in Sermide. **Foto: St. Lauscher**

Bild 133: Die Am 4/4 18466 der SBB (ehemalige 220 053) überquert mit einem Güterzug von Etzwilen in der Schweiz nach Singen (Hohentwiel) die Rheinbrücke bei Hemishofen (16. März 1991). **Foto: B. Hitz**

ma "Jelka Establichment" in Schaan, Liechtenstein, empfahl den SBB den Ankauf ausgemusterter Diesellokomotiven der DB-Baureihe 220. Im Oktober 1986 konnte der Liefervertrag unterzeichnet und die Regentalbahn RAG in Viechtach mit den erforderlichen Arbeiten zur Restaurierung und Änderung beauftragt werden. Hierzu zählten auch die Maßnahmen zur Schalldämpfung und eine Neulackierung.

Der Unterrahmen wurde Schwarzgrau – RAL 7021 –, der Lokkasten leuchtend Feuerrot – RAL 3000 –, Anschriften und Zierstreifen Reinweiß – RAL 9010 – und die Handläufe Verkehrsgelb – RAL 1023 – gespritzt.

Für den Verkauf bestimmt waren die Lokomotiven 220 013 bis 017, 053 und 077, die in dieser Reihenfolge die neuen Betriebsnummern 18 461 bis 18 467 erhielten und nun die Gattungsbezeichnung Am 4/4 trugen. Die Anpassungsarbeiten an die Betriebsbedingungen in der Schweiz nahm die SBB-Hauptwerkstätte Biel vor. Danach wurden je zwei Maschinen den Depotinspektionen Lausanne und Bern sowie je eine Lok den Depots Biel, Brig und Genf zugewiesen.

Als erstes Fahrzeug war die ehemalige 220 014 Mitte Juli 1987 in Viechtach abgenommen und Ende August in die Schweiz überführt worden. Die letzte Maschine verließ die Hauptwerkstätte Biel erst im Dezember 1989. In einer ersten Bilanz der SBB waren noch einige Probleme beim Betriebseinsatz vermerkt worden, die jedoch weitgehend behoben wurden. Bezüglich der Zugkraft, der thermischen Auslegung und der Lärmminderung wurden die Erwartungen sogar übertroffen. Die Lokomotiven kamen nicht nur in Doppeltraktion vor Nachtschnellzügen auf stromlosen Streckenab-

Bild 134 (unten links): Seit Mitte 1990 wird die ehemalige 220 051 der DB auf der rund 100 km langen Strecke von Brescia über Iseo nach Edolo in Norditalien im Güterzugdienst eingesetzt. Neuer Eigentümer ist die italienische Privatbahn SNFT (Società Nazionale Ferrovie e Tramvie). Im Juli 1991 wartete die Maschine im Depot Iseo auf den nächsten Einsatz. **Foto: Ch. Rosenzweig**

Bild 137 (rechts Mitte): Hauptaufgabengebiet der sieben an die SBB verkauften Lokomotiven der ehemaligen DB-Baureihe 220 ist die Bespannung von Arbeitszügen: Am 4/4 18464 (ehemalige 220 016) am 12. April 1989 mit Arbeitszug bei Le Day (Strecke Lausanne – Vallorbe). **Foto: D. Heer**

Bild 136 (rechts oben): Typenaufnahme der Am 4/4 18462 der SBB (ehemalige 220 014). **Archiv SBB**

schnitten, sondern im Raum Genf in einzelnen Leistungen auch vor Regionalzügen zum Einsatz.

V 200¹ in Albanien und Griechenland

Nach den Ausmusterungen ab Juni 1987 und nach Unfällen der 221 108 und 122 war der Einsatzbestand am Jahresende auf 21 Maschinen geschrumpft, deren Ausmusterung am 30. Juni 1988 erfolgte. Bereits im Frühjahr 1988 befand sich die 221 133 zu Lastprobefahrten in Griechenland, nachdem von der dortigen Staatsbahn ein Kaufinteresse für einige Maschinen signalisiert worden war. Technische Probleme vereitelten zunächst das Geschäft, das im Jahre 1989 schließlich doch noch zustande kam. Der Verkauf von 20 Lokomotiven wurde über die Firma Layritz in Penzberg abgewickelt. Dort wurden auch die Motoren und Getriebe ausgebaut, die in den Ausbesserungswerken Bremen und Nürnberg überholt wurden.

Bei den Fahrzeugen handelte es sich um die

221 105, 106, 107, 112, 117, 119, 121, 122, 124, 126, 127, 129, 133, 134, 136, 137, 138, 145, 146 und 147.

Bild 135 (unten links): Gelb lackiert, ohne Betriebsnummer und ohne Anschrift des Eigentümers verrichtete die ehemalige 220 060 im Sommer 1988 auf der Brenner-Südrampe Bauzugdienst. **Foto: Hanisch, Sammlung Große**

Bild 138 (unten rechts): Die ersten Lokverkäufe in Sachen Baureihe 220 der DB wurden über das AW Nürnberg abgewickelt. Die 323 678 schiebt am 18. Oktober 1982 die ehemalige 220 028 (in neuer, sehr schmucker Lackierung), die 290 191 sowie die für die italienische Privatbahn FSF bestimmte ehemalige 220 011 in die Halle zurück. **Foto: A. Ritz**

Bild 139: 20 Lokomotiven der Baureihe 221 fanden in Griechenland eine neue Heimat. Sie werden hauptsächlich auf der rund 500 km langen Hauptstrecke von Athen nach Thessaloniki eingesetzt, und zwar sowohl im Reise- wie im Güterzugdienst. Die 422 der Griechischen Staatsbahnen OSE beförderte am 25. März 1992 den Schnellzug 291 (Istanbul – Athen) bei Aggies-Kallipefki. **Foto: A. Klonos**

Bild 140: Rar sind Aufnahmen vom Betriebseinsatz der fünf an die Albanischen Staatsbahnen HSH verkauften Maschinen der ehemaligen DB-Baureihe 221. Das Foto vom 25. November 1990 zeigt die 2005 der HSH, die frühere 221 109, in der albanischen Hauptstadt Tirana. Sie bespannte an diesem Tag den "Pogradec-Express", der Tirana mit dem Norden Albaniens verbindet. **Foto: N. Antzoulatos**

Die Lokomotiven hatten eine Neulackierung in den Farben Ozeanblau/Beige und die neuen Betriebsnummern 411 bis 430 der Griechischen Staatsbahnen OSE erhalten. Die Maschinen wurden hauptsächlich auf der rund 500 km langen Strecke von Athen nach Thessaloniki vor Reise- und Güterzügen eingesetzt, verkehrten im Sommer 1990 aber auch mit Schnellzügen zwischen Volos und Athen.

Über die Firma Krupp Industriehandel konnten fünf weitere Lokomotiven an die Albanische Staatsbahn veräußert werden. Es handelte sich um die 221 109, 118, 125, 131 und 140. Diese Maschinen hatten in der Hauptwerkstätte der Regentalbahn in Viechtach eine Hauptuntersuchung und einen leuchtend roten Anstrich mit den Initialien HSH und den neuen Nummern 2001 bis 2005 erhalten. Die Überführung nach Albanien begann Ende des Jahres 1989. Wenig später gab es eine weitere Option aus Albanien, zu einem Kaufvertrag ist es jedoch nicht gekommen.

Im Juli 1989 mußte der französischen Privatbahn CFTA eine Absage erteilt werden, die insgesamt 14 Lokomotiven der Baureihe 221 erwerben wollte. Die noch verfügbaren Fahrzeuge befanden sich alle schon im Besitz der Firma Layritz, von denen einige als Ersatzteilspender für die nach Griechenland gelieferten Exemplare dienten. Auch die 221 104 von Layritz soll im Bedarfsfall die für die deutsche Museumslok 221 116 benötigten Teile abgeben.

Bild 141: Bei Griechenland denkt man gerne an Sonne, Strand und Meer. Doch der Winter in Griechenland kann manchmal sehr streng sein. Die 417 der OSE, die frühere 221 136, kämpft sich am 11. Dezember 1991 mit dem Schnellzug 290 bei Sfendali durch den Neuschnee. **Foto: N. Klonos**

Schlußbetrachtung

Aus heutiger Sicht hat sich die Deutsche Bundesbahn viel zu früh von ihren letzten zweimotorigen Großdiesellokomotiven getrennt, die am 28. Mai 1988 im Bw Oberhausen 1 aus dem Dienst schieden. Damals konnte man allerdings noch nicht ahnen, daß die Vereinigung der beiden deutschen Staaten so dicht bevorstand. Danach hätten die leistungsfähigen Maschinen mit der Dampfheizanlage noch gute Dienste im Ost-West-Verkehr leisten können, der mit schwächeren Fahrzeugen der Reichsbahn bewältigt werden mußte.

Die V 300 der Deutschen Bundesbahn

Trotz des Aufsehens, das die Entwicklung der V 200 im Ausland hervorgerufen hatte, kam es zunächst nicht zu den von der deutschen Lokomotivindustrie erhofften Bestellungen. Einen ersten und bescheidenen Auftrag zur Lieferung von drei Maschinen erhielt Krauss-Maffei im Jahre 1956 von den Jugoslawischen Staatsbahnen. Aufgrund der gegebenen Streckenverhältnisse durfte die Achslast nicht über 16 t liegen, ein direkter Nachbau der V 200 kam also nicht in Frage. Krauss-Maffei entschied sich deshalb für eine sechsachsige Variante, die sich im wesentlichen nur durch die dreiachsigen Drehgestelle und eine größere Gesamtlänge von der inzwischen schon bewährten V 200 unterschied. Die Höchstgeschwindigkeit war auf 120 km/h begrenzt und die größere Kühlanlage den örtlichen Verhältnissen angepaßt worden.

Bild 142: 1957 lieferte Krauss-Maffei drei sechsachsige Diesellokomotiven (Krauss-Maffei-Typenbezeichnung ML 2200 C'C') an die Jugoslawischen Staatsbahnen JZ, die sich von der V 200 vor allem durch die dreiachsige Ausführung der Drehgestelle unterschieden. Die D66-001 der JZ wurde auf der Hannover-Messe 1957 der Öffentlichkeit präsentiert.
Werkfoto Krauss-Maffei, Sammlung Eberl

Bild 143: D66-001 und D66-003 der JZ mit Salonwagen der JZ am 18. Mai 1957 auf Überführungsfahrt von München nach Jugoslawien unterhalb der Autobahnbrücke bei Bergen (Strecke München – Salzburg).
Werkfoto Krauss-Maffei

Bild 144: Krauss-Maffei fertigte 1957 noch eine vierte Lokomotive der Bauart ML 2200 C'C' auf eigene Rechnung – hier aufgenommen im September 1957 im Bahnhof München-Allach.
Werkfoto Krauss-Maffei

Bild 145: Das dreiachsige Drehgestell der ML 2200 C'C'. Werkfoto Krauss-Maffei

Bild 147 (rechte Seite oben): Nach Ankauf und Abnahme am 17. April 1964 durch die Deutsche Bundesbahn wurde die ML 3000 C'C' als V 300 001 in weinroter Lackierung in den Bestand der DB eingereiht (hier kurz vor der Abnahme in München-Allach). Werkfoto Krauss-Maffei, Sammlung Eberl

Bild 146 (unten): Nach ihrem Umbau wurden mit der nun als ML 3000 C'C' bezeichneten Kraus-Maffei-Lokomotive im Sommer 1958 zahlreiche Meßfahrten auf der Schwarzwaldbahn Offenburg – Villingen durchgeführt (aufgenommen in Villingen). Werkfoto Krauss-Maffei

Bereits während der Hannover-Messe konnte im Frühjahr 1957 eine der Lokomotiven in der Farbgebung Creme, Blau und Schwarz der Öffentlichkeit vorgestellt werden. Mit den Betriebsnummern D66-001 bis D66-003 wurden die Fahrzeuge im Mai 1957 an die Jugoslawischen Staatsbahnen abgeliefert. Die in Aussicht gestellten Anschlußaufträge blieben aus, weil die erforderlichen Mittel fehlten. Die drei Lokomotiven kamen nach kurzem Planeinsatz fast nur noch bei Sonderfahrten auf die Strecke, hauptsächlich mit den Zügen der Staatsregierung.

Krauss-Maffei fertigte im Jahre 1957 noch eine vierte Lokomotive derselben Bauart auf eigene Rechnung. Mit diesem Fahrzeug, in den bayerischen Landesfarben Weiß/Blau gespritzt, sollte der hohe technische Stand in der Entwicklung dieselhydraulischer Lokomotiven demonstriert werden. An den beiden Längsseiten stand mit großen, erhabenen Buchstaben der Schriftzug KRAUSS-MAFFEI A.-G.

Die Lokomotive mit der Fabriknummer 18 416 hatte die Gattungsbezeichnung ML 2200 C'C' erhalten, die bereits auf die installierte Leistung von 2200 PS hinwies, die aus den beiden 12-Zylinder-Maybach-Viertakt-Dieselmotoren mit Aufladung kam. Mit einer auf 120 km/h begrenzten Höchstgeschwindigkeit und der auf 319 kN gesteigerten Anfahrzugkraft war die Maschine besonders für den schweren Güterzugdienst im Hügelland geeignet. Für den Einsatz im Reisezugdienst war eine Zugheizanlage von Hagenuk mit einer Dampfleistung von 840 kg/h eingebaut worden.

Die beiden Behälter für das Kesselspeisewasser mit je 1750 l befanden sich vor und hinter dem Heizkessel auf dem Fahrzeugrahmen unter den beiden großen Kühlern mit je zwei Ventilatoren. Im Rahmen, unter der Bodenplatte, waren die fünf Kraftstoffbehälter mit einem Fassungsvermögen von insgesamt 4000 l aufgehängt. Ansonsten entsprachen der technische Aufbau und die Anordnung der anderen Aggregate weitgehend der V 200. Etwas größer ausgeführt waren jedoch die Ansaugöffnungen für die Kühlluft.

Nach umfangreichen Meßfahrten auf den Steilrampen der österreichischen Semmeringstrecke stand fest, daß die Lokomotive nicht nur alle Erwartungen erfüllt, sondern sogar noch übertroffen hatte.

In der Zeit vom 22. September bis zum 2. Oktober 1957 beförderte die ML 2200 insgesamt 22 planmäßige Reise- und Güterzüge über den Semmering. Täglich wurde ein Zug in jeder Richtung, an zwei Tagen sogar je zwei Züge bespannt. Alle Züge, für die sonst zwei, mitunter auch drei Dampflokomotiven eingesetzt waren, benötigten weder Vorspann- noch Schubunterstützung. Dabei konnten die planmäßigen Fahrzeiten auf den Steigungsabschnitten in der Regel noch unterboten werden. Selbst bei ungünstigen Witterungsbedingungen, bei Nebel und Nieselregen, zeigte sich die Lok allen Anforderungen gewachsen.

Bei allen Fahrten lief hinter der Lokomotive ein Meßwagen der Versuchsanstalt für Brennkrafttechnik der Deutschen Bundesbahn. In diesem Fahrzeug, in dem auch Gäste mitfuhren, waren alle Meßwerte erfaßt und aufgezeichnet worden. Laufend registriert wurden die Zugkraft, die Geschwindigkeit, der Kraftstoffverbrauch, die Motordrehzahl und die Getriebetemperatur. Für die Verständigung zwischen dem Meßwagen und dem Lokomotivpersonal war eine Gegensprechanlage vorhanden.

Auch nach diesen erfolgreichen Versuchen mit beeindruckenden Ergebnissen, die unter zum Teil sehr schwierigen Bedingungen ohne Störungen an der Maschine erzielt wurden, kam es zu keiner weiteren Bestellung des Lokomotivtyps. Der Aufwand war dennoch nicht umsonst, denn die gewonnenen Erfahrungen flossen in die Entwicklung der großen dieselhydraulischen Lokomotiven ein, die bei Krauss-Maffei mit einer Leistung von 4000 PS für die Vereinigten Staaten von Nordamerika entstanden.

Vom Semmering kehrte die ML 2200 nach Deutschland zurück, um vom Bw Villingen aus weitere Testfahrten auf der Schwarzwaldbahn zu unternehmen. Hierbei ergab sich, daß die Zugkraft ausreiche, die dabei erreichten Geschwindigkeiten aber nicht den Wünschen entsprachen. Diese Erfahrungen waren Anlaß für einen Umbau der Lokomotive, der in der Zeit von Oktober 1957 bis Mai 1958 bei Krauss-Maffei in München vollzogen wurde. Hierbei kamen zwei stärkere Motoren MD 12 V 538 TB 10 von Maybach zum Einbau, die eine Nennleistung von jeweils 1350 PS bei einer Drehzahl von 1500 1/min aufwiesen. Dadurch stieg die Dienstlast der Lok auf 104 t und die größte Achslast auf 17,3 t.

Durch Hochaufladung ließ sich die Motorleistung noch auf 1500 PS steigern. Nach weiteren Änderungen an den Einrichtungen zur Leistungsübertragung konnte die zulässige Höchstgeschwindigkeit auf 140 km/h festgesetzt werden. Gewandelt hatte sich auch das Äußere der Lokomotive, die sich nun in der Farbgebung Creme/Rot mit cremefarbenen Absetzstreifen und mit grauem Rahmen sowie mit der neuen Gattungsbezeichnung ML 3000 C'C' präsentierte. Die Anschrift des Herstellernamens an den Seitenwänden blieben erhalten, das neue Firmenschild an den Stirnfronten trug neben der ursprünglichen Fabriknummer nun das Baujahr 1958.

Nach der erneuten Abnahme kam die Maschine nochmals in den Schwarzwald zum Bw Villingen. Im Juli 1958 fanden wieder zahlreiche Meßfahrten vor Güter- und Reisezügen statt. Weitere Erprobungen im Ausland und auf anderen Strecken der Deutschen Bundesbahn, auch auf der Allgäustrecke von München nach Lindau, schlossen sich an. Die ML 3000 befuhr auch wieder den österreichischen Semmering und überzeugte bei Versuchsfahrten in Ungarn. Zu Beginn der sechziger Jahre war die Lokomotive beim Bundesbahn-Zentralamt in Minden/Westfalen. Die DB hatte inzwischen Interesse an der Maschine bekundet, konnte sich zunächst aber nur zu einer Anmietung entschließen.

Im Juli 1962 weilte das Fahrzeug zu einer ersten Untersuchung im AW Nürnberg. Erst zwei Jahre später erfolgte schließlich der Ankauf der Lokomotive, die nach der Ab-

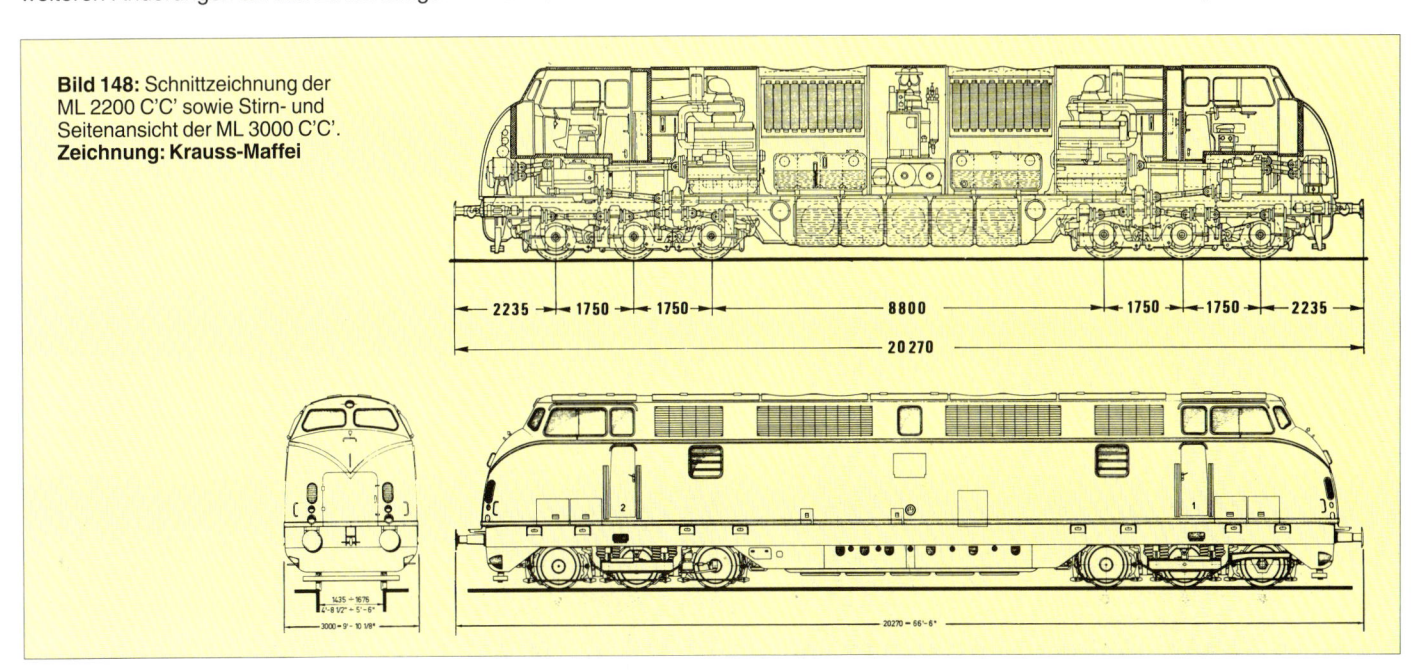

Bild 148: Schnittzeichnung der ML 2200 C'C' sowie Stirn- und Seitenansicht der ML 3000 C'C'.
Zeichnung: Krauss-Maffei

Bild 149: Die 230 001 (bis 1968: V 300 001) und die 012 001 stehen am 2. Mai 1971 im Bahnhof Hamburg-Altona zur Abfahrt bereit.
Foto: W. A. Reed

Bild 150: Die V 300 001 überquert im April 1967 mit dem D 197 (Mönchengladbach – Leipzig) den Duhnetal-Viadukt bei Neuenbeken (Strecke Paderborn – Altenbeken). **Foto: L. Rotthowe**

nahme am 17. April 1964 als V 300 001 im weinroten Einheitsanstrich endlich in den Bestand der Deutschen Bundesbahn eingereiht und bald dem Bw Hamm/Westfalen zugewiesen wurde. Obwohl sich die Maschine bei der Beförderung schwerer Reise- und Güterzüge auch im Alltagsbetrieb bewährte, blieb sie ein Einzelstück. Von Hamm kam die V 300 001 für kurze Zeit nach Lübeck, um danach im Bw Hamburg-Altona eine neue Heimat und eine gute Aufnahme beim dortigen Personal zu finden. Zu den täglichen Aufgaben zählte die Bespannung eines Schnellzugs von Hamburg-Altona nach Westerland auf Sylt und wieder zurück nach Hamburg.

Nach Einführung des neuen Nummernplans fuhr die Lokomotive ab 1. Januar 1968 mit der neuen Betriebsnummer 230 001. Am 26. August 1975 erfolgte die Ausmusterung des Fahrzeugs, und nach einer längeren Abstellzeit im AW Nürnberg kam es zum Verkauf.

Über die Firma Layritz ging die Maschine im Jahre 1977 nach Udine in Italien. Dort überzeugte die Lok durch ihre Zugkraft, konnte aufgrund ihrer Länge aber nicht wie geplant auf allen Nebenstrecken eingesetzt werden. Nach einem knapp einjährigen Aufenthalt in Italien kehrte die ehemalige V 300 001 am 22. Dezember 1978 in einem Güterzug über Tarvisio und Salzburg nach München zurück. Von dort kam sie am 19. Januar 1979 schließlich an den Ausgangspunkt ihrer fast nutzlosen Italienreise – zur Firma Layritz nach Penzberg – zurück, um später als Schrott zu enden.

Abkömmlinge der V 200

Wie bereits zuvor erwähnt, war das Interesse an der V 200 von Anbeginn sehr groß. Diesellokomotiven dieser Größenordnung mit hydraulischer Leistungsübertragung waren bislang noch nie in Großserie gebaut und eingesetzt worden. Dies mag auch der Grund dafür gewesen sein, daß sich Bahnverwaltungen des Auslands zunächst noch zurückhielten und von festen Bestellungen absahen.

Die von Krauss-Maffei getätigten Investitionen in die Entwicklung und Präsentation waren dennoch nicht umsonst. Sie begannen sich in den sechziger Jahren mit einzelnen Lieferungen und Lizenzverträgen für die Fertigstellung von Abkömmlingen der V 200 auszuzahlen. Die bislang gewonnenen Erkenntnisse aus der Entwicklung und aus Betriebserprobungen konnten außerdem in den Bau weiterer dieselhydraulischer

Bild 151: 1961 lieferte Krauss-Maffei drei Lokomotiven vom Typ ML 4000 C'C' in die USA an die Denver and Rio Grande Western; weitere drei gingen an die Southern Pacific Co. Auf diesem Foto ziehen die drei ML 4000 C'C' der Denver and Rio Grande Western gemeinsam einen schweren Güterzug.
Foto: Archiv Krauss-Maffei

Bild 152: Sechs Jahre nach den Vorführfahrten mit der V 200 005 in der Türkei gelangten drei Lokomotiven vom Typ ML 2700 C'C' (mit Mittelführerhaus) zur Ablieferung an die TCDD – hier aufgenommen im Bahnhof Röhrmoos (Strecke München – Ingolstadt) auf der Fahrt zur Verschiffung in die Türkei. **Werkfoto Krauss-Maffei**

Die wichtigsten technischen Daten der "V 200-Abkömmlinge"

Lok	Achsfolge	Spurw. mm	LüP mm	Dienstmasse t *)	Achsmasse t	Motortyp	Motorleistung PS / kW	Getriebetyp	Höchstgeschw. km/h	Lieferjahr	Stückzahl	Fabrik-Nrn. Krauss-Maffei	Bemerkungen
ML 2200 JZ	C'C'	1435	20 270	96	16	Maybach MD 650	2 x 1200/882	Maybach-Mekydro K 104 MU	120	1957	3	18 368 – 18 370	
ML 3000/V 300 001 DB	C'C'	1435	20 270	103	17,2	Maybach MD 650	2 x 1500/1103	Maybach-Mekydro K 184	140	1957	1	18 416	
D 800 British Rail	B'B'	1435	18 288	80	20	Maybach MD 650	2 x 1100/809	Maybach-Mekydro K 104	140	1959/63	71	–[1]	33 Lokomotiven waren mit Voith-Getriebe L 306r ausgerüstet
D 1000 British Rail	C'C'	1435	20 726	108	18	Maybach MD 655	2 x 1350/994	Voith L 630 rU	145	1962/63	74	–[1]	Maybach-Motor in Lizenz von Bristol-Siddeley gebaut
ML 2700 TCDD	C'C'	1435	19 670	111	18,5	Maybach MD 655	2 x 1350/994	Voith L 630 rU	100	1961	3	18 702 – 18 704	Mittelführerhaus
ML 4000 USA I	C'C'	1435	20 100	150	25	Maybach MD 870	2 x 2000/1470	Voith L 830 rU	113	1961	6	18 694 – 18 690	ein Endführerhaus
ML 4000 USA II	C'C'	1435	20 610	162	27	Maybach MD 870	2 x 2000/1470	Voith L 830 rU	113	1964	15	19 099 – 19 113	ein Endführerhaus, schmale abnehmbare Aufbauten, Stahlgußdrehgestellrahmen
ML 4000 Brasilien	C'C'	1000	20 985	144	24	Maybach MD 870	2 x 2000/1470	Voith L 830 rU	78	1966, 1969	16	19 305 – 19 308 19 437 – 19 488	ein Endführerhaus, schmale abnehmbare Aufbauten
ML 2400 TALGO	B'B'	1668	17 450	73,3	18,3	Maybach MD 650	2 x 1200/882	Maybach-Mekydro K 104 U	140	1964	10	19 004 – 19 008 [2]	ein Führerhaus, niedrige Bauart
ML 3000 TALGO	B'B'	1668/ 1435	19 000	88	22	Maybach MD 655	2 x 1500/1103	Maybach-Mekydro K 184 U	180	1968/69	5	19 449 – 19 453	für den Einsatz bei der SNCF hatten die Loks 3001 – 3003 von 1970 – 1975 Normalspur-Drehgestelle
ML 4000 TALGO	B'B'	1668	19 920	80	20	MTU 16 V 396 TD 13	2 x 2088/1535	Voith L 520 rz U 2	180	1982/83	8	19 904 – 19 911	
ML 4000 RENFE	B'B'	1668	20 350	88	22	Maybach MD 870	2 x 2000/1470	Maybach-Mekydro K 184 BT	130	1966/68	32	19 315 – 19 324 [3]	

*) jeweils mit vollen Vorräten
[1] in Großbritannien in Lizenz gebaut
[2] weitere 5 Lokomotiven in Spanien in Lizenz gebaut
[3] weitere 22 Lokomotiven in Spanien in Lizenz gebaut

Bild 153: Bei der D 1072 der British Railways handelt es sich um einen britischen Lizenzbau der Krauss-Maffei-Type ML 3000 C'C', allerdings mit einigen grundsätzlichen Änderungen (Taunton Shed, 3. August 1967). **Foto: W. A. Reed**

Bild 155 (rechte Seite oben): Die Klasse D 800 der British Railways entsprach in ihrer technischen Ausführung weitgehend der deutschen V 200 und wurde ausschließlich in Großbritannien in Lizenz gebaut. Insgesamt 71 Lokomotiven der Klasse D 800 wurden in Dienst gestellt. Das Foto zeigt die D 820 am 4. September 1960 in Exeter (St. David's Station). **Foto: W. A. Reed**

Lokomotiven eingebracht werden. Eine Übersicht zu den Aktivitäten von Krauss-Maffei gibt die von Helge Hufschläger zusammengestellte Tabelle auf Seite 81.

Auf alle Entwicklungsschritte einzeln einzugehen ist wegen deren Vielzahl leider nicht möglich. Einige Lieferungen in das Ausland und die dort weitergeführte Fertigung direkter "Nachkommen" der V 200 sollen jedoch kurz beleuchtet werden.

»Warship« und »Western« in Großbritannien

Einen ersten bedeutenden Schritt zur Ablösung der Dampflokomotiven unternahmen die Britischen Eisenbahnen im Jahre 1955 mit der Bestellung von fünf Diesellokomotiven der Baureihe D 600. Diese mächtigen A1A A1A-Maschinen entstanden 1957 und 1958 in den staatlichen Werkstätten der Western Region in Swindon. Die Fahrzeuge entsprachen nicht ganz den Vorstellungen der Britischen Transport-Kommission BTC, die schon zuvor ein Lizenzabkommen mit Krauss-Maffei getroffen hatte. Es betraf den Bau von Lokomotiven, die als Klasse D 800 in ihrer technischen Ausführung weitgehend der deutschen V 200 entsprachen. Einige Änderungen verlangte allerdings die engere Profilbegrenzung bei den britischen Eisenbahnen.

Einer Vorserie von drei Maschinen, deren erstes Exemplar am 3. Juni 1958 abgeliefert wurde, folgten bald zusätzliche Bauaufträge für weitere 68 Lokomotiven, die ab März 1959 von den Werkstätten Swindon – D 803 bis 832 und D 866 bis 870 – sowie von der Lokomotivfabrik North-British Locomotive Company in Glasgow – D 833 bis

Bild 154: ML 4000 C'C' aus der zweiten Bauserie (Lieferjahr 1964) für die Southern Pacific Co. mit der Betriebsnummer 9006, nun in der üblichen amerikanischen Ausführung mit schmalen, abnehmbaren Aufbauten (sogenannten hood units). **Werkfoto Krauss-Maffei**

Bild 156 (rechts): Hier leistet eine Lokomotive der Klasse D 800 der British Railways (Beinamen "Warship") einer Dampflokomotive vom Typ WC am 3. Juli 1967 bei Upway Bank Vorspanndienste. **Foto: R. Bastin**

865 – geliefert wurden. Die Lok D 830 hatte zwei englische Paxmann-Motoren mit je 1135 PS erhalten. Alle anderen Fahrzeuge fuhren mit deutschen 12-Zylinder-Viertakt-Dieselmotoren von MAN und Maybach mit je 1100 PS, die ihre Bewährungsprobe bereits in der V 200 der DB bestanden hatten. Den Beinamen "Warship" erhielten die Lokomotiven der Klasse 800, weil viele die Namen britischer Kriegsschiffe trugen.

Für den Einsatz auf den Hauptlinien der Western Region – daher auch der Beiname "Western" – bestellte die BTC insgesamt 74 Lokomotiven der Klasse 1000, die ab 1961 in den Werkstätten Swindon und Crewe der Britischen Eisenbahnen gebaut und mit 1350-PS-Maybach-Motoren und dreiachsigen Drehgestellen ausgestattet wurden.

Eine lange Dienstzeit war den Fahrzeugen beider Bauarten nicht beschieden. Die Lokomotiven der Klasse 800 wurden im Zeitraum von 1968 bis 1972 ausgemustert, die der stärkeren Klasse 1000 fuhren fünf Jahre länger und schieden zwischen 1973 und 1977 aus.

Bild 157: Talgo-Lokomotive 352.002 der RENFE mit Talgo-III-Garnitur auf der Fahrt von Almeria in Andalusien nach Madrid bei Guadix (Oktober 1985). Krauss-Maffei baute diese Maschine unter der Typenbezeichnung ML 2400 B'B' Talgo im Jahre 1964. **Foto: A. Ritz**

Bild 159 (unten Mitte): Die Lokomotive 3003 T der RENFE (Typ ML 3000 B'B' Talgo) steht Ende Oktober 1968 bei Krauss-Maffei zum Versand bereit. Die besonders niedrige Bauweise der von Krauss-Maffei konstruierten Talgo-Diesellokomotiven wird auf dieser Aufnahme sehr gut deutlich. **Werkfoto Krauss-Maffei**

Bild 158 (unten links): Alle drei von Krauss-Maffei gebauten Talgo-Lokomotivbauarten stehen vor dem Depot in Madrid für den Fotografen Parade (v.l.n.r.): ML 4000 B'B' Talgo, ML 3000 B'B' Talgo und ML 2400 B'B' Talgo. **Foto: Archiv Krauss-Maffei**

Die M 4000 B'B' für Spanien

Nahezu identisch mit der V 200[1] waren die 32 1668-mm-Breitspurlokomotiven für die Spanische Staatsbahn RENFE. Der Lieferauftrag war aufgrund einer Ausschreibung aus dem Jahre 1964 zustande gekommen, den die Firmen Fried. Krupp in Essen, Krauss-Maffei in München und als Lizenznehmer die Firma Babcock & Wilcox in Bilbao erhalten hatten. Krupp und Krauss-Maffei waren damals in der "Lokomotiv-Export-Union" (LEU) verbunden, um gegen Henschel mit seiner GM-Lizenz im Export bestehen zu können. Die ersten 10 Maschinen fertigte Krauss-Maffei in den Monaten November und Dezember 1966 und im Januar 1967. Die Lieferung von Babcock & Wilcox begann im Juni 1967.

Die Lokomotiven waren auch für den Einsatz im Reise- und Güterzugdienst auf der gebirgigen Strecke von Madrid nach Mora vorgesehen. Deshalb entschieden sich Krauss-Maffei und die RENFE für den Einbau der starken Viertakt-Dieselmotoren MD 870 von Maybach mit 16 Zylindern, die hochaufgeladen auf eine Nennleistung von 2000 PS bei 1600 1/min eingestellt waren. Mit einem Kraftstoffvorrat von 5000 l, in fünf Leichtmetallbehältern im Rahmen untergebracht, war ein großer Aktionsradius für die Fahrzeuge gegeben. In Anbetracht der beträchtlichen Temperaturunterschiede im Einsatzbereich mußte die Kühlanlage entsprechend geändert und an die Bedingungen angepaßt werden. Die Höchstgeschwindigkeit war bei diesen Lokomotiven auf 130 km/h begrenzt.

Wesentlich schneller waren die Lokomotiven für die "TALGO-Züge". Die Maschinen der ersten Lieferserie von 1964 – mit der Gattungsbezeichnung M 2400 B'B' – waren für 140 km/h zugelassen, die der zweiten Serie von 1968, M 3000 B'B', und die nachfolgenden M 4000 B'B' für 180 km/h. Bei den TALGO-Lokomotiven entsprach die Technik zwar noch jener der V 200, in ihrem Äußeren waren die Fahrzeuge jedoch mehr der Wagenform angeglichen. Die M 2400 B'B' verfügten außerdem nur über einen Führerstand und mußten an den Endpunkten der Strecken gewendet werden.

Bild 160 (oben rechts): Die 4003 der RENFE (Krauss-Maffei-Typ ML 4000 B'B' RENFE) sieht der Baureihe 200[1] der Deutschen Bundesbahn täuschend ähnlich; sie ist mit ihr nahezu identisch. Aufnahme vom November 1966 im Werksgelände von Krauss-Maffei. **Werkfoto Krauss-Maffei**

Bild 161 (unten rechts): Die von Babcock & Wilcox in Spanien in Lizenz gefertigte 4013 der RENFE führt hier Ende der sechziger Jahre einen Schnellzug von Madrid nach Barcelona. **Foto: Archiv Krauss-Maffei**

Bild 162: Lokomotive V 200 B'B' vom VEB Lokomotivbau "Karl Marx" Babelsberg mit Frontpartie aus glasfaserverstärktem Polyester. **Foto: Sammlung Obermayer**

Bild 164 (ganz unten): Mit der V 200 003 begann Anfang 1967 die Serienlieferung der Lokomotivfabrik Woroschilowgrad an die Deutsche Reichsbahn. **Foto: M. Delie, Sammlung Obermayer**

Bild 163: Auf der Leipziger Jubiläumsmesse 1965 erhielt die V 200 1001 (die spätere V 180 059) eine Goldmedaille für die besondere Formgestaltung. **Foto: Sammlung Dr. Scheingraber**

Die »Anverwandten« der V 200 bei der Deutschen Reichsbahn

Im Rahmen des Strukturwandels in der Zugförderung beschaffte die Deutsche Reichsbahn in der ehemaligen DDR ab 1959 die ersten zweimotorigen Diesellokomotiven mit einer Leistung von 2 x 900 PS als Baureihe V 180. Nachdem die vom VEB Motorenwerk Johannisthal entwickelten 12-Zylinder-Viertakt-Dieselmotoren mit 1000 PS zur Verfügung standen, schuf der VEB Lokomotivbau Karl Marx Babelsberg eine stärkere Variante, die zunächst als V 200 B'B' und in sechsachsiger Ausführung als V 200 C'C' bezeichnet wurde. Als größte Geschwindigkeit waren 120 bzw. 140 km/h zugelassen. Eine weitere Spielart mit besonders markanten Stirnfronten aus glasfaserverstärktem Polyester entstand 1965 in vier Exemplaren. Für diese moderne, zweckmäßige und ansprechende Formgebung erhielt die V 200 B'B' auf der Leipziger Jubiläumsmesse 1965 eine Goldmedaille. Bei allen Lokomotiven wurde die Baureihenbezeichnung vor der Übernahme in den Betriebsdienst in V 180 geändert.

Ende 1966 kam wieder eine V 200 in den Bestand der Deutschen Reichsbahn. Diese Bauart war zu Beginn der sechziger Jahre in der Lokomotivfabrik Woroschilowgrad in der UdSSR für die Beförderung mittelschwerer Güterzüge auf den osteuropäischen Bahnen konzipiert und gefertigt worden. Als Antriebsaggregat dient ein 12-Zylinder-Zweitakt-Dieselmotor in V-Anordnung mit einer Leistung von 2000 PS. Nach den beiden Vorauslokomotiven V 200 001 und 002 begann ab 1967 die Serienbeschaffung. Mit der V 200 der Deutschen Bundesbahn haben die als "Taigatrommeln" bezeichneten einmotorigen Fahrzeuge mit elektrischer Leistungsübertragung nichts gemein.

Technische Daten der DB-Baureihen 220, 221 und 230

Baureihen		220	220	221	221	230
Betriebsnummern		001 – 005	006 – 086	101 – 120	121 – 150	001
Bauart		B'B'	B'B'	B'B'	B'B'	C'C'
Treibraddurchmesser	mm	940	950	950	950	950
Länge über Puffer	mm	18 530	18 470	18 440	18 440	20 270
Gesamtachsstand	mm	14 700	14 700	14 700	14 700	15 800
Drehgestellachsstand	mm	3200	3200	3200	3200	3500
Höchstgeschwindigkeit	km/h	140	140	140	140	140
Anfahrzugkraft	kN	234	234	240	235	319
Dienstlast	t	70,5 – 73,5	73,5 – 81,0	78	79,5	104
Größte Achslast	t	20,0	20,0	20,25	20,5	17,3
Leistung	PS	2 x 1100	2 x 1100	2 x 1350	2 x 1350	2 x 1425
Kraftstoffvorrat	l	2700	2700	2700	2700	4620
Heizbrennstoff	l	1000	1000	1000	1000	1000
Kesselspeisewasser	l	3000	4000	4000	4000	3500
Sandvorrat	kg	300	300	280	280	800

Literaturverzeichnis

Autorenkollektiv: Glasers Annalen, Zeitschrift für Eisenbahnwesen und Verkehrstechnik, Heft 5/1963. Georg Siemens Verlagshandlung, Berlin und Bielefeld, 1963.

MaK Maschinenbau GmbH: Die Entwicklung der Diesel-Netzgruppe im Südwestbezirk der Deutschen Bundesbahn. Kiel, 1969.

Krauss-Maffei: Informationen Nr. 142/1957: Hundert Jahre Entwicklung im Lokomotivbau. München, 1957.

Lampe, Curt: Die dieselhydraulischen 4000-PS-Lokomotiven der Spanischen Staatsbahnen (RENFE). Krupp/Krauss-Maffei, München, 1968.

Obermayer, Horst J.: Deutsche Diesellokomotiven. Eisenbahn-Journal 6/1982, 3/1983, 5/1985, 1/1991. Hermann Merker Verlag, Fürstenfeldbruck.

Obermayer, Horst J.: Taschenbuch Deutsche Diesellokomotiven mit Kleinlokomotiven. Francكh'sche Verlagshandlung, Stuttgart, 1972.

Schiebel, Peter: Abschied von der Baureihe 221. Eisenbahn-Journal 6/1988. Hermann Merker Verlag, Fürstenfeldbruck, 1988.

Deutsche Bundesbahn: Fahrzeugbeschreibungen der Baureihen 220 und 221. Bundesbahn-Zentralamt München.

Deutsche Bundesbahn: Bestandslisten der Triebfahrzeuge. Zentralstelle Technik.

Deutsche Bundesbahn: Aufzeichnungen der BD Stuttgart für die OBL Süd und West. 1955-1966.

Heitkamp: Gleisbau in Saudi-Arabien. Hausmitteilungen, Herne, 1978/79.

Schweizer Eisenbahn-Revue: Berichte zur Am 4/4 der SBB. In 6/1987 und 3/1990, Verlag Minirex AG, Luzern.

VEB Lokomotivbau Karl Marx Babelsberg: Fahrzeugbeschreibungen V 200 B'B' und V 200 C'C'. Babelsberg, 1966.

Zöllner, Fritz: Lokomotiven mit hydraulischer Kraftübertragung und Geschwindigkeiten bis 180 km/h für TALGO-Züge. Krupp/Krauss-Maffei, München, 1970.

Große, Peter: Aufzeichnungen zur Instandsetzung und zum Verkauf von Lokomotiven der Baureihen 220 und 221. Nicht veröffentlicht.

Heinisch, Rudolf: Aufzeichnungen zur Ausmusterung von Lokomotiven der Baureihen 220 und 221. Nicht veröffentlicht.

Hufschläger, Helge: Lokomotivlieferungen von Krauss-Maffei auf der Basis der Baureihe V 200. Nicht veröffentlicht.

Impressum

ISBN 3-922404-46-4

Verlag und Redaktion: Hermann Merker Verlag GmbH
Postfach 1453 • D-82244 Fürstenfeldbruck
Rudolf-Diesel-Ring 5 • D-82256 Fürstenfeldbruck
Telefon (0 81 41) 50 48/50 49 • Telefax (0 81 41) 4 46 89

Herausgeber: Hermann Merker • Autor: Horst J. Obermayer
Satz Merker Verlag: Regina Doll, Evelyn Freimann
Bildredaktion: Andreas Ritz • Layout: Gerhard Gerstberger
Schlußredaktion: Manfred Grauer, Karin Schweiger
Anzeigenleitung: Elke Albrecht

Druck: Europlanning S.r.l. • Via Chioda, 123 A • I-37136 Verona
Vertrieb: Hermann Merker Verlag GmbH
Vertrieb Einzelverkauf: MZV
Moderner Zeitschriften Vertrieb GmbH & Co KG • D-85386 Eching/Freising

Alle Rechte vorbehalten. Übersetzung, Nachdruck und jede Art der Vervielfältigung setzen das schriftliche Einverständnis des Verlags voraus. Unaufgefordert eingesandte Beiträge können nur zurückgeschickt werden, wenn Rückporto beiliegt. Für unbeschriftete Fotos und Dias kann keine Haftung übernommen werden. Durch die Einsendung von Fotografien und Zeichnungen erklärt sich der Absender mit der Veröffentlichung einverstanden und stellt den Verlag von Ansprüchen Dritter frei. Beantwortung von Anfragen nur, wenn Rückporto beiliegt. Zur Zeit gilt Anzeigenpreisliste Nr. 11 vom 1. Januar 1990. Eine Anzeigenablehnung behalten wir uns vor. Gerichtsstand ist Fürstenfeldbruck.

© Mai 1993 by Hermann Merker Verlag GmbH, Fürstenfeldbruck

Zweigleisig ist besser als eingleisig!

Bahnorama/Lokorama-Trailer (begrenzte Auflage)	70 min VHS	DM 1
Bahnreise durch Mecklenburg-Vorpommern	80 min VHS	DM 7
Bahnorama Arlbergbahn	60 min VHS	DM 6
Lokorama Arlbergbahn	160 min VHS	DM 6
Bahnorama Brennerbahn	60 min VHS	DM 6
Bahnorama Semmeringbahn	60 min VHS	DM 6
Dampf hinter dem Eisernen Vorhang Teil 1	80 min VHS	DM 7
Special 1/92: 125 Jahre Brennerbahn I	100 S., 182 Abb.	DM 2
Special 3/93: 125 Jahre Brennerbahn II	116 S., 244 Abb.	DM 2
Sonderausgabe IV/90: Die Semmeringbahn I	100 S., 151 Abb.	DM 1
Special 7/91: Die Semmeringbahn II	92 S., 131 Abb.	DM 2

Videos und Sonderpublikationen des Eisenbahn JOURNAL

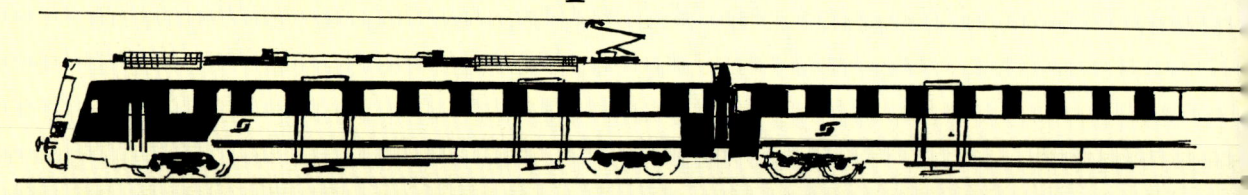

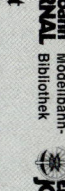

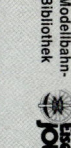

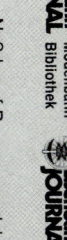

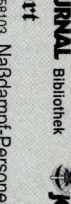

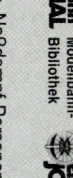

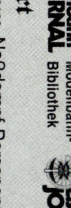

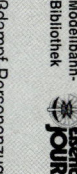

Die Dampflok lebt weiter – dank dem Eisenbahn JOURNAL

Lieferbar sind die folgenden BR Porträts:

Bestellkarte — Eisenbahn JOURNAL Sonderausgaben / specials

☐ 53101	Die Baureihe 03	(I/91)	DM 19,80
☐ 53102	Eisenbahnen im Moseltal I	(II/91)	DM 19,80
☐ 53103	Die Baureihe E 44	(III/91)	DM 19,80
☐ 53104	Eisenbahnen im Allgäu I	(IV/91)	DM 19,80
☐ 53201	Eisenbahnen im Westerwald	(I/92)	DM 19,80
☐ 53202	Die Baureihe 01¹⁰	(II/92)	DM 19,80
☐ 53203	Die rechte Rheinstrecke	(III/92)	DM 19,80
☐ 53204	Die E 18 und E 19	(IV/92)	DM 19,80
☐ 53301	Mit der Bahn durch Thüringen I	(I/93)	DM 19,80
☐ 53302	Die BR 98⁸⁻¹¹ – GtL 4/4 und GtL 4/5	(II/93)	DM 19,80
☐ 54206	Die Schweizerische Südostbahn	(Sp. 6/92)	DM 16,80
☐ 54207	Eisenbahn in Köln	(Sp. 7/92)	DM 24,80
☐ 54208	Die sächsische IV K, Teil I	(Sp. 8/92)	DM 14,80
☐ 54209	Die Furka-Oberalp-Bahn I	(Sp. 9/92)	DM 19,80
☐ 54301	Einmal Hölle und zurück	(Sp. 1/93)	DM 19,80
☐ 54302	Eisenbahnen im Allgäu II	(Sp. 2/93)	DM 24,80
☐ 54303	125 Jahre Brennerbahn II	(Sp. 3/93)	DM 25,80
☐ 54304	Mit Dampf hinauf zum Brocken	(Sp. 4/93)	DM 22,80
☐ 54305	Die Baureihe V 200	(Sp. 5/93)	DM 19,80
☐ 54306	Montreux-Berner Oberland-Bahn	(Sp. 6/93)	DM 16,80

Name / Vorname
Straße
PLZ, Ort
Unterschrift   Datum   Kunden-Nr.   Special 5/93

Nur solange Vorrat reicht! Ab einem Wert von DM 50,00 für die *lieferbaren* Publikationen erfolgt der Versand im Inland portofrei. Nach Bestellung bitte Rechnung abwarten!

Bestellkarte — Eisenbahn JOURNAL Reports / Bibliothek / Modellbahn- / VIDEOTHEK

Preußen-Report

☐ 58103	Preußische Eisenbahngeschichte I	(1.1)	DM 23,80
☐ 58301	Preußische Eisenbahngeschichte II	(1.2)	DM 25,80
☐ 58101	Schnellzuglokomotiven	(2)	DM 23,80
☐ 58203	Heißdampf-Güterzuglokomotiven	(3)	DM 22,80
☐ 58102	Naßdampf-Tenderlokomotiven		

Sachsen-Report

| ☐ 61301 | Sächsische Eisenbahngeschichte I | (1) | DM 20,80 |

1x1 der Modellbahnplanung (Anlagenplanung)

☐ 56001	Das große 1 x 1 der Modellbahn	(0.0)	demnächst
☐ 56901	Vorbildgerechte Anlagenplanung	(0.1)	DM 19,80
☐ 56902	Vorbildgerechte Anlagenplanung für Einsteiger	(0.2)	DM 16,80
☐ 56904	Anlagenplanung für Fortgeschrittene		DM 22,80
☐ 56301	Bahnbetriebswerke im Modell		

VIDEOTHEK

☐	Bahnreise durch Mecklenb.-Vorpomm. (80 min)	DM 79,00
☐	"Bahnorama Semmeringbahn" (60 min)	DM 69,00
☐	"Bahnorama/Lokorama-Trailer" (70 min, begrenzte Auflage)	DM 19,00
☐	"Bahnorama Arlbergbahn" (60 min)	DM 69,00
☐	"Lokorama Arlbergbahn" (160 min)	DM 69,00
☐	"Bahnorama Brennerbahn" (60 min)	DM 69,00
☐	Dampf hinterm Eisernen Vorhang 1 (80 min)	DM 79,00

Bayern-Report

| ☐ 62301 | Bayerische Eisenbahngeschichte I | (1) | demnächst |

VIDEOTHEK

☐ 58202	Preußische Eisenbahn-Personenzuglokomotiven	(4)	DM 21,80
☐ 58201	Naßdampf-Güterzuglokomotiven	(5)	DM 23,80
☐ 58233	Heißdampf-Güterzuglokomotiven	(6)	DM 23,80

Name / Vorname
Straße
PLZ, Ort
Unterschrift   Datum   Kunden-Nr.   Special 5/93

Nur solange Vorrat reicht! Ab einem Wert von DM 50,00 für die *lieferbaren* Publikationen erfolgt der Versand im Inland portofrei. Nach Bestellung bitte Rechnung abwarten!

Bestellkarte

Die umseitige Bestellung wird erst wirksam, wenn der Käufer sie nicht binnen **einer Woche schriftlich widerruft** (§ 1 b AbzG). Die Frist beginnt mit Eingang des Bestellformulars beim Hermann Merker Verlag GmbH. Der Widerruf ist zu richten an die Firma H. Merker Verlag GmbH, Postfach 1453, D-8080 Fürstenfeldbruck. Zur Fristwahrung genügt die Absendung der Erklärung.

Kenntnis genommen: _____
(Unterschrift)

Bitte im Kuvert einsenden an:

H. Merker Verlag GmbH
Postfach 1453
D-82244 Fürstenfeldbruck

Aus dem Hause Merker:

Eisenbahn JOURNAL Archiv — Dampflok-Technik

Bestellkarte

Die umseitige Bestellung wird erst wirksam, wenn der Käufer sie nicht binnen **einer Woche schriftlich widerruft** (§ 1 b AbzG). Die Frist beginnt mit Eingang des Bestellformulars beim Hermann Merker Verlag GmbH. Der Widerruf ist zu richten an die Firma H. Merker Verlag GmbH, Postfach 1453, D-8080 Fürstenfeldbruck. Zur Fristwahrung genügt die Absendung der Erklärung.

Kenntnis genommen: _____
(Unterschrift)

Bitte im Kuvert einsenden an:

H. Merker Verlag GmbH
Postfach 1453
D-82244 Fürstenfeldbruck

Aus dem Hause Merker:

Eisenbahn JOURNAL VIDEOTHEK

Bayern
Österreich
die Schweiz:

Jede Menge "Leckerbissen" für die Freunde von Gebirgsbahnen

- Eisenbahn Journal IV/91 – Eisenbahnen im Allgäu (Teil 1)
- Eisenbahn Journal special 2/93 – Eisenbahnen im Allgäu (Teil 2)
- Eisenbahn Journal IV 90/91 – Die Semmeringbahn
- Eisenbahn Journal special 7/91 – Die Semmeringbahn II
- Eisenbahn Journal special 4/92 – 125 Jahre Brennerbahn
- Eisenbahn Journal special 3/93 – 125 Jahre Brennerbahn
- Eisenbahn Journal special 6/92 – Die SOB, Schweizerische Südostbahn
- Eisenbahn Journal special 2/91 – Eisenbahnen zum Matterhorn, Über 100 Jahre Brig – Visp – Zermatt
- Eisenbahn Journal special 9/92 – die FO, Teil 1 – Die Furka-Oberalp-Bahn
- Eisenbahn Journal special 3/92 – Der Glacier-Express, Von St. Moritz nach Zermatt